スッキリわかる!

今日から使える
アンガーマネジメント

怒らず伝える技術

日本アンガーマネジメント協会
代表理事
安藤俊介 監修

ナツメ社

はじめに

「怒り」は、だれもがもっている、とても身近な感情です。それにもかかわらず、怒りに悩んでいる人はとても多く、本書を手に取ったあなたも、自分のなかの怒りに戸惑っているのではないでしょうか。

「アンガーマネジメント」は、怒りを生かすための心理トレーニングで、「絶対に怒らなくなる」のではなく、怒る必要のあることには上手に怒れ、怒る必要のないことには怒らなくてすむように、自分の考え方や価値観を変えていく方法です。本書では、そんな怒りのマネジメント法をわかりやすくお伝えしています。

１限では、反射的に怒らないための対処法を紹介しています。２限では、怒りの発生源や性質など、しくみを解説し、怒りへの理解を深めます。次の３限では、怒

りに対する考え方を変える方法を紹介し、４限では怒りを生み出さない環境のつくり方を解説します。ここまでで、ムダな怒りの減らし方、怒らないための自分の変え方が身につきます。５～６限では、怒らなければいけなくなったときに、どのように怒ればよいかを解説します。どれも特別なスキルが必要というわけではありません。最後まで読み終わったときには、アンガーマネジメントのきほんが身についていることでしょう。

わたしも、昔は怒りっぽい人間でしたが、アンガーマネジメントに出合ってからは怒りを感じる機会が格段に減りました。イライラしても、怒りを上手にコントロールすることができるようになったからでしょう。

本書を読んだみなさんが、怒りと上手につき合えるようになって、よりよい人生を送れることを祈っています！

安藤俊介

この本の使い方

いっしょに楽しく勉強しよう！

この本では、怒りのプロフェッショナル「安藤俊介」先生の授業を受けている気分で、アンガーマネジメントを学べるようになっています。

特徴

POINT **1** 大学の授業形式でわかりやすい！

先生の一言コメントからはじまり、わかりやすい言葉で説明！　ポイントになる部分は太字やマーカーでチェック。まるでノートをとっているみたい!?

POINT **2** 図解が豊富だからひと目でわかる！

アンガーマネジメントをはじめて学ぶ人でもわかりやすいように、イラストや図を多用してやさしく解説しています。図解を見ればひと目で理解できます！

POINT **3** 便利＆楽しいコンテンツが充実！

マンガページでは、登場キャラクターを例にわかりやすく解説。また、休み時間のコラムでは、アンガーマネジメントに関するミニ知識を紹介！

メインページの見方

授業時間は
ここで確認できます

ポイントになる部分は
マーカーで
チェックしています

用語は太字で
示しています

実践
自分の変え方
❶

怒らない日をつくる

一日だけ
怒りを我慢
してみよう

怒らない人には怒らないという心理

人間は、他人から何かをしてもらうと、お返しをしたくなる[illegible]の心理が働きます。これは、心理学用[illegible]**返報性《へんぽうせい》の法則**」といわれるもの。

この心理は[illegible]えられます。つまり、「怒らない人には怒らない」。相手の主張を受け入れる態勢をとれば、相手も受け入れる態勢をとってくれるのです。

このことを実[illegible]ます。それ[illegible]日だけ、何があっても怒らない日をつくる[illegible]とでなく、怒りを表に出さないということで、「**24時間アクトカーム**」といいます。

怒らない自分に対して周りの反応は？

怒らない日は、あまり忙しくない日を選びましょう。朝起きたら「今日は一日怒らないぞ」と自分に言い聞かせましょう。その日一日を過ごしている間に、会社や自宅でどんなに腹立たしいことがあっても、怒りを表に出さないようにしましょう。

あなたの態度が変われば、上司や部下、同僚、家族もいつもと違う反応を示すということが実感できるはずです。

自分が変われば、周りも変わる。怒らないことは、結局、自分の心地よさにつながるのです。さっそく試してみてくださいね。

【公的自己意識】 他人からどう見られているか意識すること。他人の反応を意識する感情で自分の対人行動に影響を与えるといわれる。

126

4限 怒らない環境をつくろう

相手の怒りに巻き込まれない

相手が怒りや不満を感じているとき、それに巻き込まれてしまうと、こちらまでイライラしてしまいます。まずは、受け入れ態勢を整えましょう。

怒りを怒りで返す

なんだ、
その態度は！

声を荒げて叱責したり、イライラした態度をとったりしては、火に油を注いでしまう。

怒りを受け入れる

なにが不満なんだ？
いっしょに考えよう
じゃないか

怒りを感じても、相手の不満や怒りを受け入れれば、しぜんとお互いが冷静になる。

怒らない日の過ごし方

怒らない日をつくることは、怒りっぽいと感じている人にとって、とくに効果的です。年に数日取り入れてみるとよいでしょう。

❶「怒らないぞ！」と決める。
❷ 表面的には、穏やかに過ごす。
❸ 腹立たしいことがあったら、
「今日はチャレンジだ」と言い聞かせる。

一日の終わりに、怒らない自分に対して周囲がどういう反応をしたかをふり返ろう。

おだやかに
おだやかに

127

怒りに関連する用語を
解説しています

最初に先生が授業の
概要をコメント！

さっそく
授業を
はじめよう！

もくじ

1限 怒りを切り抜けよう

2限 怒りのしくみを知ろう

3限 考え方・価値観を変えよう

4限 怒らない環境をつくろう

5限 怒りを上手に伝えよう

6限 シーン別 怒らず伝えるテクニック

怒らず伝えるテクニック〈プライベート編〉

怒らず伝えるテクニック〈環境編〉

登場人物紹介

安藤先生
怒りのプロフェッショナル

碇《いかり》ケンタ
28歳のビジネスマン。怒るとすぐに怒鳴る

安《あん》賀《が》アカネ
28歳のOL。怒っても我慢するタイプ

緩《ゆる》田《た》マナ
ケンタとアカネの後輩。社会のルールにうとい

利《り》府《ふ》ジン
ケンタとアカネの上司。よく理不尽なことを言う

introduction 0

怒りの感情はコントロールできる?

そういえば、アンガーマネジメントって知ってる？
怒
あー、怒りがコントロールできるってやつだよね？
そうそう
ハッ
そんな簡単にできないっしょー怒らないなんてムリムリ
ねーっ
それが、できるんだよ！
はじめましてわたしは安藤俊介
怒りに悩む人に、アンガーマネジメントをレクチャーするトレーナーさ
よろしくね
だ、だれ!!

そ、そもそもアンガーマネジメントってなんなんですか？
アンガーマネジメントは、1970年代にアメリカで生まれた「怒りと上手につき合う心理トレーニング」なんだ
怒
怒
軽犯罪者の矯正プログラムとして確立されたんだけど、今では教育機関や企業が導入したり、スポーツ選手や俳優なども取り入れてるよ
じつは、昔はわたしも怒りっぽい人間だったんだ
えっ
同じだ
当時、ニューヨークで働いていたわたしは、自分の怒りっぽさに嫌気がさしていてね
そんなときに、アンガーマネジメントに出会って、セミナーに通いはじめたんだ
Wellcome
それからは、怒らない自分に変化していって、今では怒りとうまくつき合えるようになったんだよ

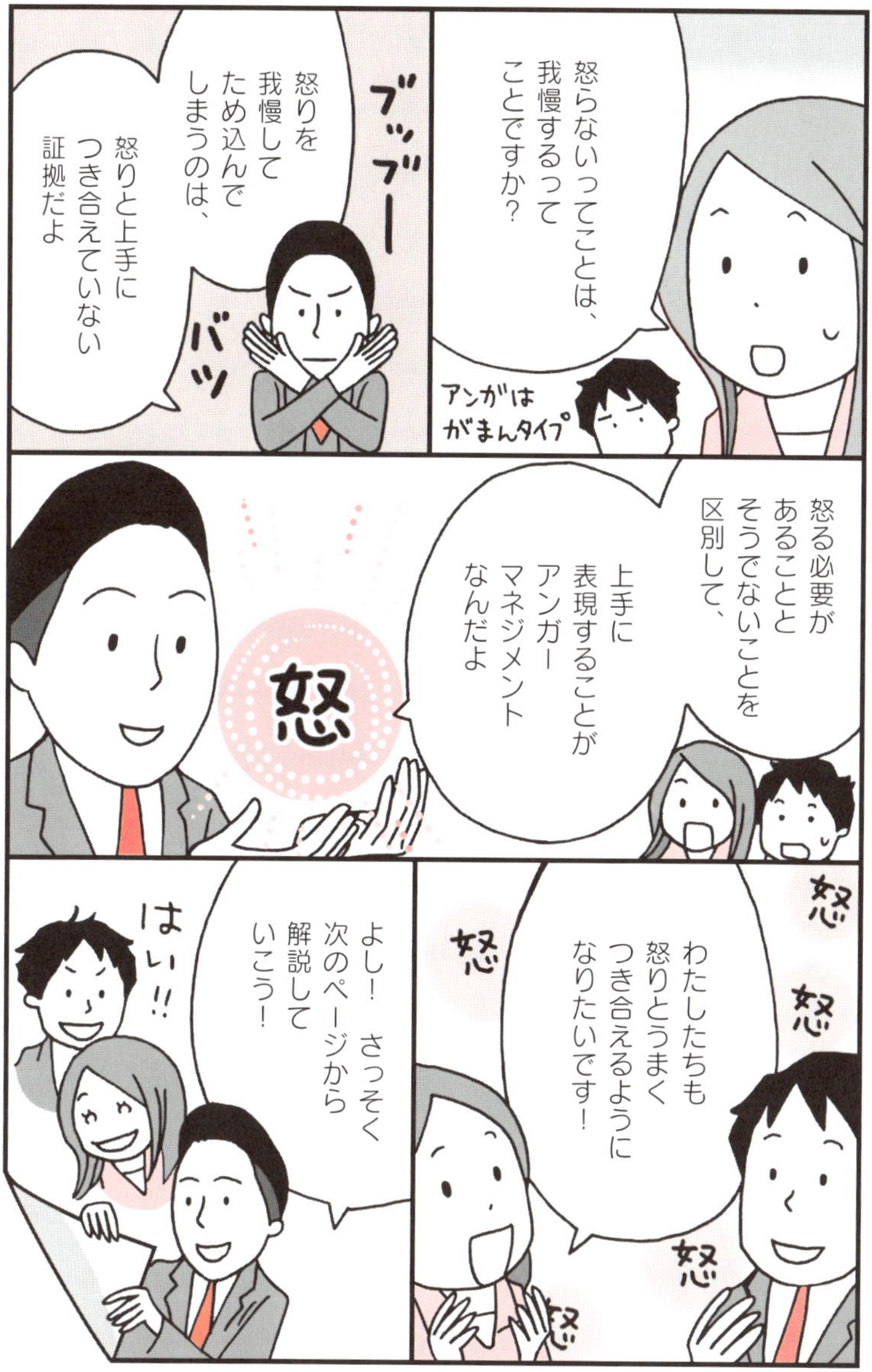

← まずは、アンガーマネジメントのことを知ろう!

ホームルーム①

アンガーマネジメントってなんだろう？

怒りはコントロールできる

アンガーマネジメントは、1970年代のアメリカで生まれた「怒りの感情と上手につき合うための心理トレーニング」です。

ささいな怒りでも、積み重なれば、人間関係を悪くしたり、信頼を失ったりする原因になります。そして、「あのとき怒らなければ……」と後悔しても取り返しがつかないことが多いのです。

とはいえ「怒り」は人間のしぜんな感情で、完全に消してしまうことはできません。「なくすことができないのなら、うまくコントロールできるようになろう」というのが、アンガーマネジメントの考え方です。

怒りをうまく表現する

怒りっぽいことに悩む人がいる一方で、怒りたくても上手に怒れずに悩む人も多くいます。とくに日本では、昔から我慢することが美徳とされる風潮がありますが、裏を返せば日本人は「怒りを表現するのが下手」なのです。

ムダな怒りは、時間とエネルギーを消費します。怒るべきときに怒れないことも、人間関係で損をする要因となるかもしれません。感情にふり回されて損をしないためにも、自分のなかにある怒りをマネジメントし、適切に表現できるようになることが大切です。

怒りっぽい人、
怒れない人、
どちらも
変われます！

【感情】人間だけがもつ精神の活動の一つで、主観的な心の動き。喜怒哀楽のほかに、驚きや嫌悪など、さまざまなものがある。

こんなことでイライラしていませんか？

怒りのきっかけは、日常のなかにあふれています。あなたはどんなことにイライラしてしまいますか？

なんでうまく
いかないんだ!!
全部あいつの
せいだ！

ムカッとして、
部下に強く
あたってしまった。
あんな言い方を
しなきゃよかった……

イライラする
ことがあったけど、
言えなかった。
毎日イライラしている
自分が嫌だ……

あのときの怒りが
忘れられない。
イライラして、
仕事に集中
できない！

アンガーマネジメントが効果的！

怒りっぽい人、怒りたくても怒れない人。アンガーマネジメントは、そんな人たちに向けた「怒りのコントロール法」です。この方法を身につければ、今より快適に物事を進められるはずです。

←次のページで、怒りをコントロールできる人と、できない人を比較してみよう！

怒りにふり回されるAさんの一日

まずは、怒りにふり回されるAさんの一日を見てみましょう。Aさんは、日常のささいなできごとでもイライラしてしまい、怒りをぶつけたり、うまく吐き出せずにため込んでしまったりするようです。

❶ 朝の電車で

駅に着くと、電車が遅延していた。「会社に遅刻するじゃないか」とイライラ。やっと動いたと思えば、車内が満員で余計にイライラ。

❷ 会社で部下に対して

ようやく会社に着くと、部下が派手な柄のシャツを着て出社していた。「ありえないだろ！」と怒りがこみ上げてきた。

❸ 家で妻に対して

帰宅すると、妻が新しい服を着ていた。「この前も買っていただろ！　ムダづかいばかりして！」と強く怒鳴ってしまった。

❹ 自分に対して

就寝前、今日のできごとを思い出し、イライラが復活。イライラしている自分にもうんざりし、なかなか寝つけなかった。

怒りをマネジメントできるBさんの一日

つぎに、怒りをマネジメントできるBさんの一日を見てみましょう。Bさんは、イラッとするようなできごとが起きても、一度立ち止まってポジティブな方向に考えることができます。

❶ 朝の電車で

駅に着くと、電車が遅延していた。「たまには歩くか」と1駅分歩いてみると、なんだか気持ちがリフレッシュされた。

❷ 会社で部下に対して

会社に着くと、部下が派手な柄のシャツを着て出社していた。今日は外出がないと聞いたので、「まあいいか」と割り切った。

❸ 家で妻に対して

帰宅すると、妻が新しい服を着ていた。「また買ったのか」と思ったが、「きれいでいてほしい」と考え、ほめることにした。

❹ 自分に対して

就寝前、今日のできごとをふり返る。イラッとすることもあったが、「明日はいいことあるさ」と気持ちを切り替えて、ぐっすり眠った。

ホームルーム②

あなたの怒りへの反応はどっち？

怒りへの反応は2タイプ

イライラ、ムカムカすることがあったとき、あなたはその怒りに対して、どのような反応をするでしょうか？

A「どちらかというと怒りを我慢してため込む」
B「どちらかというと怒りを人や物にぶつける」

Aの人は、感情が内向きで、自分を責めたり、落ち込んだりするタイプです。一方、Bの人は、感情を外に出し、人間関係などでトラブルを引き起こしやすいタイプです。

一見、二つのタイプは正反対のようですが、たいていの人は、時と場合によってAにもBにもなってしまうものです。

どちらもコントロールが必要

たとえば、会社で上司に嫌味を言われ、怒りを我慢し続けている人は、イライラした気持ちを家族にぶつけているかもしれません。

これでは、怒りを上手にコントロールしているとはいえません。

日本人は「怒ること」「人を許せないこと」をネガティブにとらえ、気持ちをおさえ込みがちです。しかし、本来は「怒るべきときに、怒りを上手に表現する」ということが大切なのです。

イライラした気分を自分でコントロールし、自分をマネジメントしていくことができれば、怒りの問題はおのずと解決していくでしょう。

怒りへの反応にも
タイプがあるんだ

怒りをため込みがちな日本人

怒りは「人や物にぶつけるタイプ」と「我慢してため込むタイプ」の2つがあります。日本人は、「怒りを我慢してしまう」傾向があります。

アメリカ人の傾向

たとえばアメリカ人の場合、イラッとすることが起こると、すぐに怒りの感情を前面に出す人が多い。人や物を傷つけるなど、大きなトラブルに発展しやすい。

日本人の傾向

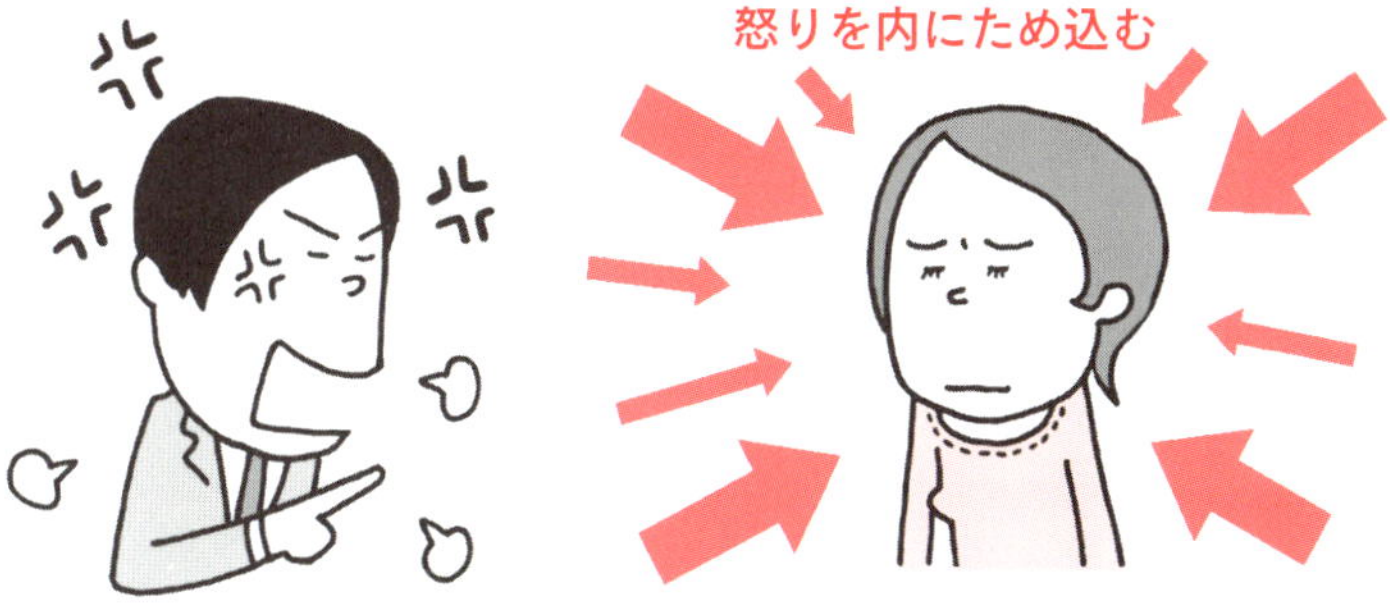

日本人は、怒りを我慢をしてしまいがち。イライラをいつまでも引きずったり、たまった怒りを爆発させ、取り返しのつかない事態を引き起こす可能性も。

アンガーマネジメントが注目されるワケ

なぜ今、アンガーマネジメントが注目されているのでしょうか。
その背景には、現代の社会情勢が関係しています。
注目されている理由を３つに分けて紹介します。

理由①
“忙しさ”

少子高齢化社会である現代の日本では、生産性の高い仕事が求められており、忙しさの要因となっています。それにより仕事と子育て・介護との両立が求められ、忙しさに拍車がかかります。その忙しさが、怒りを生み出すきっかけとなります。

理由②
“科学技術の発達”

科学技術が発達したことで、便利な道具や機能が生まれ、快適な世の中となりました。しかし、そのような便利で快適な生活は、不便さや不快さへの忍耐力を低くさせ、それが怒りへとつながるのです。

理由③
“グローバル化”

グローバルな社会になったことで、昔より海外の文化に触れる機会が多くなりました。今後も、価値観や習慣の違う人たちとのコミュニケーションが増えていくでしょう。価値観や習慣の違いは怒りを発生させる要因にもなります。

**以上の理由から、怒りをコントロールすることが
現代で求められているのです！**

BASIC ELEMENT IN ANGER MANAGEMENT

1限
怒りを切り抜けよう

まずは、
怒りを感じたときの
切り抜け方を
習得しよう！

introduction❶

怒りにうまく対処しよう！

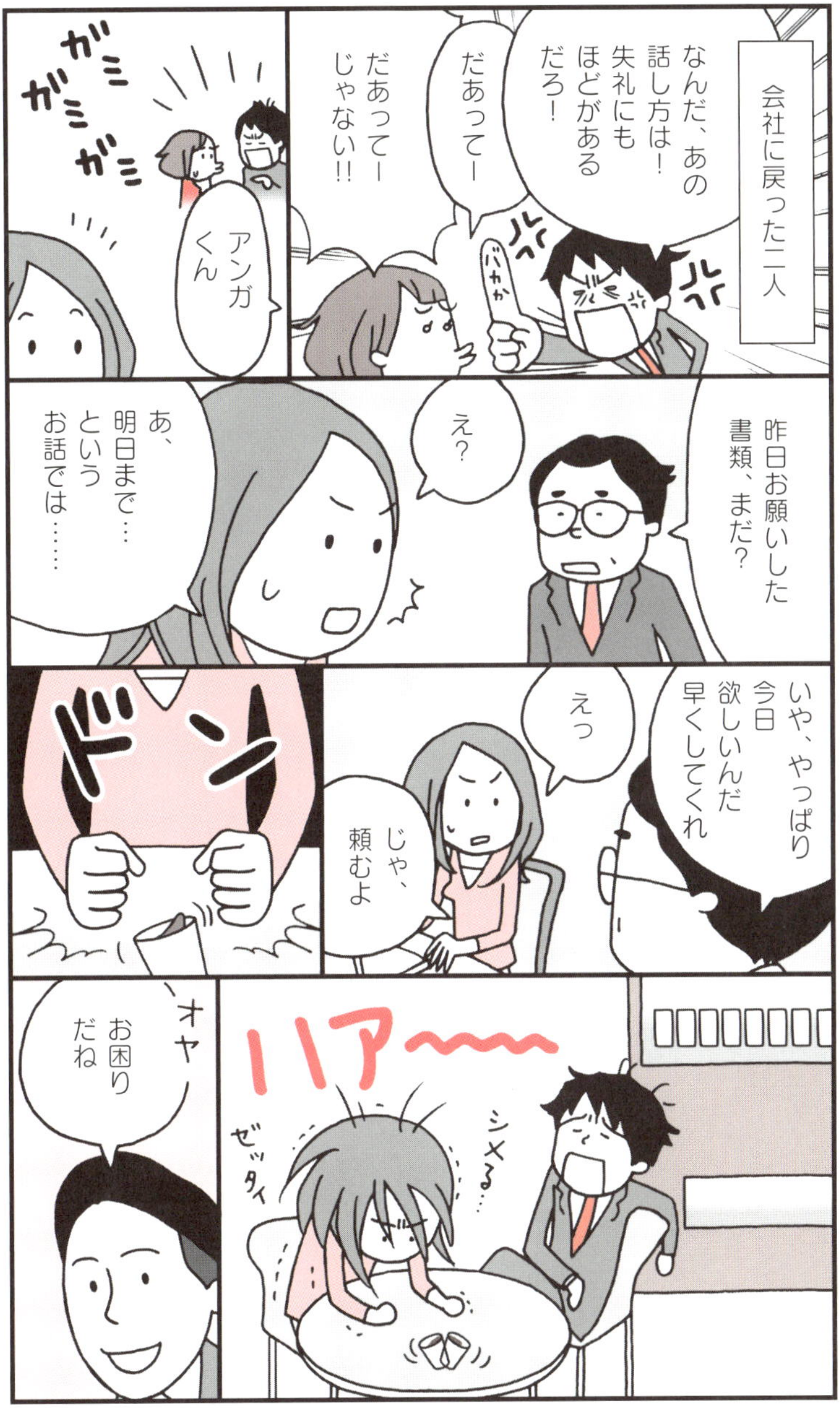
会社に戻った二人
なんだ、あの話し方は！失礼にもほどがあるだろ！
バカか
だあってー
だあってーじゃない!!
ガミガミガミ
アンガくん
昨日お願いした書類、まだ？
え？
あ、明日まで…というお話では……
いや、やっぱり今日欲しいんだ早くしてくれ
えっ
じゃ、頼むよ
ドン
ハア〜〜
シメる…
ゼッタイ
オヤ お困りだね

先生!
なぜ会社に!
考えるな
感じるんだ!
じつは……
coffee
なるほど……
怒りをコントロールするのには、まず怒りに対処することが大切なんだ!
テクニックさえ知っていれば、怒りをすんなり鎮められるんだよ
諸説あるけど、怒りは、感じてから6秒がピーク
それを過ぎれば、対処しやすくなるよ
6秒
▶P.28
おおー
心のなかで6秒数えたり、
好きな歌を歌ったりして6秒間を過ごすといいよ
1 2 3
4 5 6
でも、さっきみたいに後輩を怒っているうちに、どんどんヒートアップしたら6秒数える余裕ないですよ!
ふむふむ
声が大きくなってたもんね

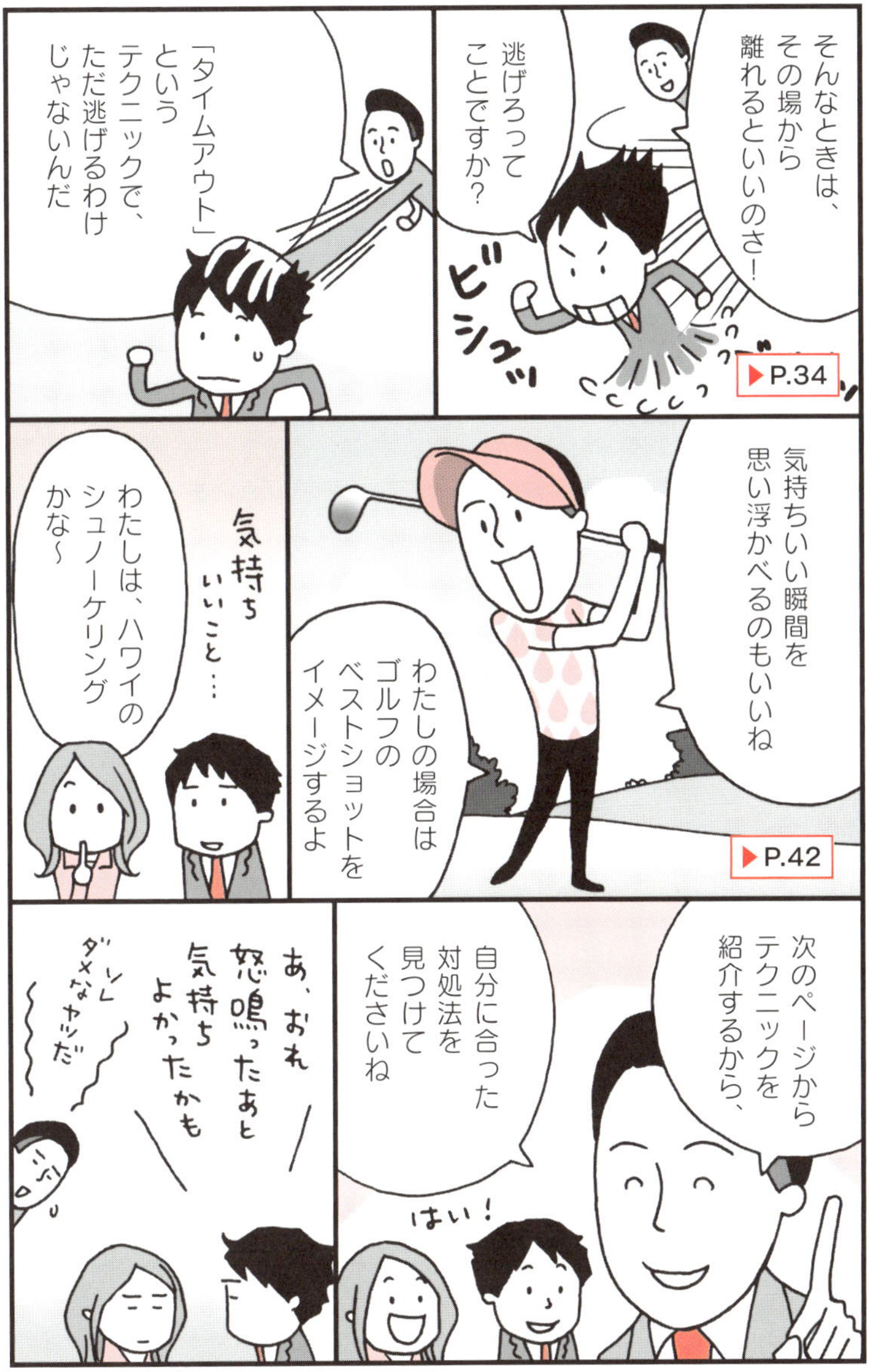

← **怒りの対処法を習得して、冷静な自分に！**

とっさの怒り対処法❶

怒りを感じたら6秒待つ

反射的な言動が怒りを強くする

みなさんは、日常のちょっとしたできごとにイライラして、衝動的に怒りをぶつけてしまったことはありませんか。

「嫌味を言われて、とっさにケンカ腰に言い返してしまった」「すれ違いざまにぶつかってきた相手に、強く怒鳴ってしまった」など、思い当たる節があるかもしれません。

怒りの感情のなかで、もっともやってはいけないことを一つあげるとしたら、この「**反射的な言動**」です。カッとなって出た言葉や暴力は、さらに怒りを強くします。大きなケンカやトラブルを引き起こし、取り返しのつかないケースにまで発展することもあります。

怒りの感情のピークは6秒

反射的な怒りをなくすためのおすすめのテクニックの一つに、「怒りを感じたら、6秒数える」というものがあります。

怒りの感情のピークは諸説ありますが、長くて6秒といわれています。イラッとしたのを感じたら、まず心のなかで「1、2、3、4、5、6」とゆっくり数えてみてください。6つ数えるうちに、少しずつ落ち着きを取り戻し、反動的な言動を避けることができます。怒りは時間をおけば、小さくなっていくもの。まずは、反射的に怒ることをなくしていきましょう。

イライラしたら、まずは6秒数えてみよう！

【反射的】 刺激されたことに対して、瞬間的に反応するようす。怒りの場合、トラブルに発展する可能性も。

怒りは6秒で落ち着く

とっさの怒りは、取り返しのつかない事態を生みやすいものです。ただ我慢するのではなく、6秒数えることで、心を落ち着かせます。

イラッとするできごとが発生。怒りの感情が、ふつふつとわいてくる。

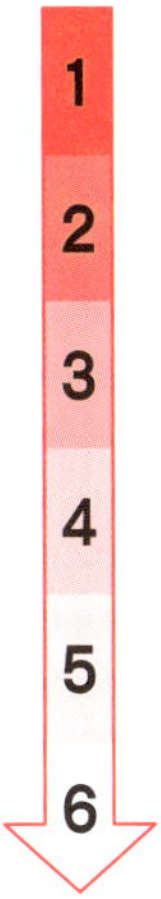

6秒数える

ゆっくりと数えることで、少しずつ落ち着く。

怒りのピークが過ぎ、冷静に対処しやすくなる。最悪の事態を避けることができる。

反射的な言動

反射的に相手へ取り返しのつかない言葉を浴びせたり、暴力をふるったりして最悪の結果に。

反射的な言動を回避

まずは自分の怒りにストップをかけて落ち着きを取り戻すことで、「ついカッとなって……」といった反射的な怒りを防ぐことができます。

6秒間の過ごし方の例

怒りのピークが過ぎるまでの6秒間は、意識を怒りとは別の方向へ向けることが重要です。ここでは、そのためのさまざまな方法をご紹介します。

数を数える

6秒間を「ワン、ツー…」と英語で数えたり、「100、99…」と逆さに数えたりすると、より怒りから意識をそらすことができる。

心のなかで「ストップ」をかける

心のなかで「ストップ！」と叫び、頭のなかが怒りで埋まってしまう前に思考を止める（▶ P.40）。

むずかしい計算をする

意識をむずかしい計算式を解くことに集中させて、怒りの感情を遠ざける。

目の前の物を観察する

怒りの原因に目を向けるのではなく、目の前にあるもののことを考えると、しぜんと怒りが鎮まる(▶ P.36)。

深呼吸をする

鼻からゆっくりと息を吸い、口からさらにゆっくりと吐ききることで、気持ちを落ち着かせる。

歌を歌ってみる

お気に入りの曲のサビ部分だけでもOK。怒りの気持ちが落ち着いていく。

とっさの怒り
対処法②

感じた怒りを数値化する

“とっさの怒り”への特効薬

怒りをマネジメントする方法は、大きく分けて二つあります。

一つは、怒りっぽい自分の考え方や価値観を根本から見直す方法。もう一つは、「いま」「この場」の怒りをすぐにおさえる方法です。

自分の怒りっぽさを自覚する人の多くが切実に求めているのは、後者の方法。つまり、**とっさの怒り**への特効薬です。「ムッとして余計なことを言ってしまった」「つい感情的になり、交渉が決裂した」など、怒りにまつわる失敗や後悔は、多くの場合、とっさの怒りの暴走に起因します。

「イラッ」「カチン」「ムカッ」の強さは？

怒りの暴走を止める簡単な方法は、怒りの強さを数値化することです。怒りといっても、その度合いは幅広いものです。我を忘れてしまうような爆発的な怒りもあれば、すぐに忘れてしまう弱い怒りもあります。

怒りが発生したら、それがどの程度強い感情なのか、左ページの表を参考に、10段階に分けて考えてみてください。自分にとってはレベル7の怒りでも、ほかの人にはレベル3かもしれません。このように怒りを客観視することが大切です。「数値化する」という行動そのものにも、怒りを鎮める効果があるのです。

怒りの度合いを
考えてみよう！

怒りの強さを10段階に分ける

怒りに段階をつけて、自分の怒りの強さを意識してみてください。同じできごとでも、人によって怒りの度合いや種類が違うことに気がつくはずです。

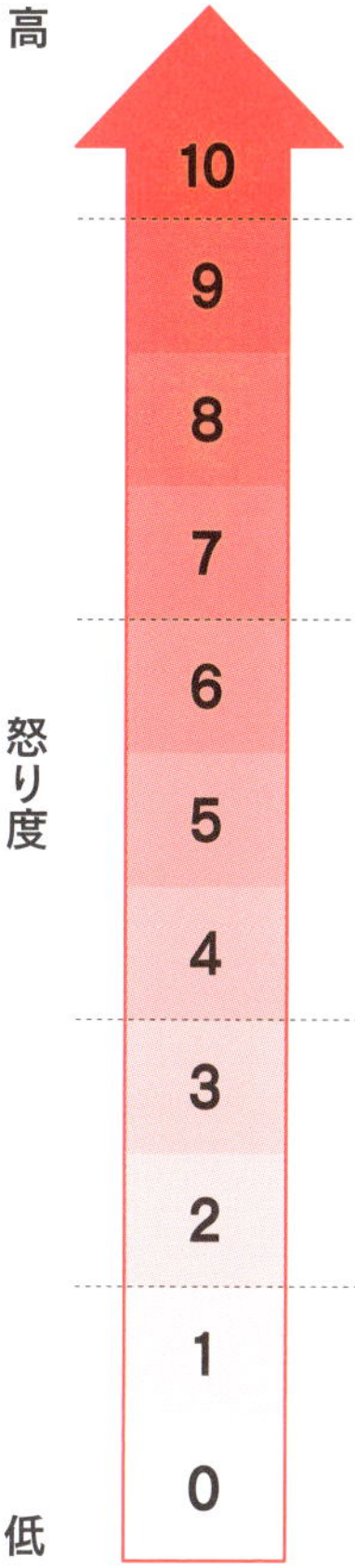

最大級の怒り

震えが止まらないほどの怒り。
憤怒、爆発に達する怒り。

爆発寸前の怒り

思わずカーッとしたり、
我を忘れそうな怒り。爆発寸前。

腹が立つ怒り

まだ怒りは前面に出ていないが、
相当イライラしたり、怒りを感じている。

不愉快な怒り

物事や発言にイラッとしたり、
不愉快に思っている。

穏やかな怒り

ストレスやイライラがない
心が静かな状態。

レベルの設定は自分で決めてOK

レベル分けは、自分の感性で設定してかまいません。怒りが発生するたびに、「この怒りはこのくらいのレベルだな」と冷静に考えることが大切です。

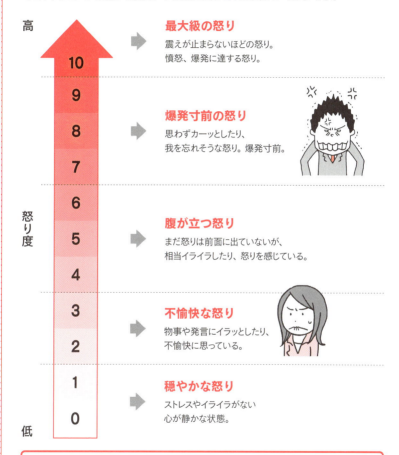

とっさの怒り対処法❸

怒りの場から離れる

「タイムアウト」で頭を冷やす

怒りがどんどんエスカレートして、高ぶった感情がなかなかおさまらないときは、その場をいったん離れることをおすすめします。

「逃げるなんて卑怯」「カッコ悪い」と思うかもしれません。しかしこれは、「**タイムアウト**」というアンガーマネジメントの立派なテクニックです。スポーツの試合の最中に、監督が「タイム！」と言って、試合の悪い流れを断ち切ることと似た手法です。

お互いに一度距離を置き、気持ちをクールダウンさせてから再び話し合えば、より冷静に話を進めることができるものです。

立ち去るときのルール

タイムアウトの目的は、一定の時間をおいて頭を冷やし、冷静さを取り戻すことです。ただ離れるのではなく、きちんとルールを守ることが大事です。

まず、席を立つときは、無言で去るのではなく「すみません。いったん中断させてください」と、相手に伝えることが大原則です。そして、「どれくらいで戻るか」をしっかりと伝え、相手に不信感を与えないようにすることもポイントです。ここでは、「あくまで自分の都合」というスタンスでお願いをすることで、相手をさらに怒らせたり、関係が悪化するのを防ぎます。

怒りがおさまらないときは、一度距離を置いてみては？

【タイムアウト】　怒りを感じた場に留まることができない場合に、その場から離れるテクニック。「退却戦略」とよばれることもある。

相手と距離を置いている間は、「大声を出す」「物に八つ当たりする」「怒りを思い出す」といったことをしては、せっかくのタイムアウトの時間も意味がありません。怒りを忘れるくらいの気持ちで、リラックスできることを行いましょう。たとえば、「水を飲む」「散歩する」など、あらかじめ気分が落ち着くことを考えておいてください。怒りから気持ちをそらすことで、戻ってからも怒りを引きずらず、相手に対して余裕をもって接することができます。

相手から距離を置く タイムアウト

怒りの感情が暴走してしまいそうなときは、いっそのことその場から離れ、気持ちを落ち着かせましょう。

相手に断りを入れて、その場を立つ

タイムアウトをとるときは、「すみません、中断させてください」と相手に断りを入れる。「自分の都合で」という姿勢で伝えれば、相手も理解してくれるはず。

気持ちが落ち着いたら戻る

タイムアウトをしている間は、怒りのことを忘れるくらい、リラックスして過ごす。気持ちをリフレッシュすることで、相手と余裕をもって話すことができる。

とっさの怒り対処法④

関係ないことに意識を向ける

怒りの対象について考えるのをやめる

「銀行のＡＴＭが自分の番の直前で故障」「急いでいるときに車が大渋滞」「待ち合わせの相手が連絡もなく大遅刻」など、なにげない日常にもイライラや怒りのタネは転がっています。

小さなことに、ついイラッとしてしまう人は、怒りをそらす方法を実践してみてください。

たとえば、電車がアクシデントで遅れてなかなか来ないとき、「いったいいつ運転が再開されるのか」と怒ってそのことばかり考えているのでは、イライラは長引くばかりです。

そんなとき、たとえばスマートフォンでＳＮＳやネット検索をしてみてください。いつのまにかイライラが鎮まり、気がつけば、流行のレストランや経済ニュースなど、別なことに関心が移っているはずです。

イライラや怒りは、その原因を考えたり、できごとを繰り返し思い出したりすることで大きくなります。「**思い出し怒り**」をやめて、別のことに意識をそらせば、怒りはしぜんと小さくなっていくものなのです。

イライラの原因ばかり考えていてはダメ！

目の前のものをじっくり観察する

前述のように、怒りから意識をそらす方法を「**グランディング**」と言います。これは、グランド（地面）が由来で、「その場にくぎづけにする」ことを意味します。つまり、何か別のこと

【歩き瞑想《めいそう》】 足の裏だけに意識を集中して、歩く瞑想法。意識がすべて足の裏に向けば、余計なことを考えずに済み、怒りの頻度が少なくなる。

に意識を集中して、怒りの感情をそらすのです。
たとえば、イラッとした気分に気づいたら「空を見上げて雲の形を観察する」「スマホの傷を数える」など、ごく単純なことでもいいのです。それらをじっと見て、観察している間は、あなたの意識は「いま、ここ」にあります。
自分の意識がくぎづけになっている間は、思い出し怒りによる怒りの膨張を阻止することができます。自分なりの怒りをそらす方法を、いくつか考えてみるとよいでしょう。

怒りを別の思考に変える

怒りで頭がいっぱいになりそうなときは、別の物事に関心を向けて、怒りの思考を追い出してしまいましょう。

イライラが発生

待ち合わせの時間に、相手が来なくてイライラ。
そんなときは……？

スマホでネットを検索

自分の関心のあることに意識を向けることで、気がつけばイライラがおさまっている。

とっさの怒り対処法⑤

魔法の言葉をつぶやく

キレそうになったら魔法の言葉を使う

「いつも自分だけ残業を押しつけられる」「満員電車で足を踏まれたのに、知らん顔された」など、理不尽なできごとにイライラしてしまいそうになることがありますよね。

そんなときは、自分に向かって「**魔法の言葉**」をつぶやくと、怒りの加速にブレーキをかけることができます。魔法の言葉は、自分の気持ちが落ち着く言葉であれば、なんでもいいのです。「ドンマイ、ドンマイ」「どうってことない」とか、大好きな人やペットの名前でもかまいません。あなたの魔法の言葉を決めておき、イラッとしたときに、人には聞こえない程度につぶやいてみてください。

「かわいい毒」なら心がすさまない

そんなやさしい言葉では、気がおさまらないときは、「**かわいい毒**」を吐きましょう。

たとえば、公共の場でルールを守らない人や、非常識な行動を平気でする人に対して怒りを感じたとき、心のなかでかわいい毒を吐くのです。「バナナの皮を踏んで転んじまえ」とか「小さいやつ！　絶対にモテないぞ」など、少々ユーモアを交えた悪態がおすすめです。単なる悪口は怒りが増すので、あくまでかわいい毒を吐いて。これだけで、案外すっきりします。

ただし、絶対に口に出さないでくださいね。

落ち着く言葉を
つぶやいてみて！

【コーピングマントラ】　反射的に怒らないために、自分が落ち着く言葉を唱える、怒りを切り抜ける方法の一つ。「コーピング」は“切り抜ける”、「マントラ」は“言葉、呪文”という意味。

自分だけのオリジナルフレーズを考える

日々のささいなできごとにイライラしてしまったとき、言葉の力を借りて心を落ち着かせましょう。

魔法の言葉で心を落ち着かせる

イラッとしたら、自分自身に落ち着く言葉を投げかけてみる。徐々に心が落ち着いて、怒りが緩和されるはず。

かわいい毒を吐いて、怒りにブレーキ

自分自身を励ますだけでは、気がおさまらない。そんなときは、心のなかで相手にかわいい毒を吐いてみると、案外すっきりしたりする。

とっさの怒り
対処法⑥

一枚の白紙をイメージする

頭を真っ白にしよう

爆発寸前の強い怒りを感じたときは、瞬間的に「**思考停止**」の状態をつくりましょう。頭のなかをからっぽにして、考えるのをやめるのです。

まず、頭にカーッと血がのぼったら、まっ先に心のなかで「ストップ！」と叫んでください。目の前に迫る暴走車を、全力で止めるイメージです。さらに何も考えないようにするには、頭のなかに「真っ白な紙」を一枚イメージしましょう。何か、雑念が浮かんできそうになっても、とにかく頭のなかをからっぽにして、しばらくその状態を維持します。

怒りは、目の前のできごとを「意味づけ」することで起こります。白紙をイメージするのは、思考回路を遮断し、意味づけをやめるためです。意味づけをしなければ、怒る要素がなくなるので、目の前で起こっていることは、もはや「ただのできごと」にすぎません。

怒りはゴミ箱に捨てる

同じくイメージの力を借りて、「怒りをゴミ箱に捨ててしまう」という方法もあります。目を閉じてイライラした気持ちをゴミに変え、ゴミ箱にポイッと捨てるところを想像してみてください。なんだか、心が軽くなるはずです。イメージし続ければ、いつの間にか怒りも、あなたの表情もやわらいでくるでしょう。

頭のなかを
真っ白にすれば、
ムダな怒りが減る

【意味づけ】　物事や行動に理由や意義、価値をもたせること。

イメージの力を借りる

P.38で紹介した、言葉の力で怒りを止めるのがむずかしいときは、イメージの力を借りましょう。何も考えない状態をつくることで、怒りをおさえられます。

イメージ1

真っ白な紙を考える

怒りの感情にストップをかけ、意味づけする思考を止めて、頭のなかをからっぽにすると怒りがなくなる。本当の意味で頭をからっぽにするのはむずかしいため、「白い紙」という具体的なものをイメージするのが効果的。

イメージ2

怒りをゴミ箱へ捨てるイメージ

想像するときは抽象的なイメージではなく「ゴミ箱に捨てる」など具体的にすると、より効果的。頭のなかからしつこい怒りを追い出すようにイメージすると、すっきりする。

しつこい怒り対処法①

気持ちのよい場面を思い出す

心のなかの「プラス」を増やす

怒りのなかには、すぐ消えてしまうものもあれば、繰り返し思い出しては、嫌な感情がこみ上げる「しつこい怒り」もあります。しつこい怒りを消すよい方法は、**怒りとは正反対の「最高に気持ちのよい瞬間」を思い出す**ことです。

たとえば、ボーリングでストライクを決めた瞬間、海外旅行で訪れたリゾート地の美しい海岸の風景、霜降りの牛肉が口の中でとろりと溶ける瞬間など、自分がよい気分になることならなんでもかまいません。心のなかを「プラス」の感情で埋めつくせば、怒りの感情＝「マイナス」を心のなかから追い出すことができます。

思いつかない人は、ふだんから「気持ちいい！」と思ったことを、手帳にメモして持ち歩いてみてください。怒りの感情が湧いたときは、その手帳を見ればよいのです。「嬉しい」「楽しい」「幸せ」と感じることでもかまいません。

このとき、五感にうったえかけるものを選ぶのがコツ。「好きな香り」「ふわふわした感触」など、視覚、聴覚、嗅覚、味覚、触覚にかかわることを想像するとよいでしょう。「営業目標達成」や「ゲームでハイスコアを出す」など、成果を上げなければならないものは避けてください。

短時間でできる気分転換メニューをもつ

しつこい怒りには、**短時間で気軽に気分転換**

楽しいこと、嬉しいことを考えよう！

になることをやってみるのもおすすめです。

たとえば、ムニュッとした手触りのよいゴムボールを握る、深呼吸をする、5分くらいでできる簡単なストレッチをする、コーヒーを飲むなど、自分の気分がよくなることや、リラックスできることをたくさん用意しておくとよいでしょう。イラッとしたらためしてみてください。

さらに、ふだんの生活から気分転換の時間を設けておくと、イライラをため込むことがなくなります（▼P.138）。

しつこい怒りの対処法

しつこい怒りをなくすには、怒りの原因となった相手やできごとを、できるだけ思い出さないようにすることがポイントです。

気持ちのよい場面を思い出す

- ボーリングでストライクを決めた瞬間
- 海外旅行で訪れたリゾート地の美しい海岸の風景
- 霜降りの牛肉が口のなかでとろりと溶ける瞬間
- できたてのパンの香りがした瞬間
- ふかふかのベッドに寝転んだ瞬間

なかなか思い浮かばないときは…

昨日、一番「幸せ」「楽しい」「嬉しい」と感じたことを考えてみましょう。それでも思いつかないなら、1週間、1か月とさかのぼってみてください。何か必ず見つかるはずです。

気分転換をする

- 手触りのよいゴムボールを握る
- ゆっくりと深呼吸をする
- 簡単なストレッチをする
- コーヒー、ハーブティーを飲む
- お気に入りのお香を焚く
- 人と会話をする

しつこい怒り対処法❷

自分の「今」を考える

「過去」や「未来」を考えすぎない

わたしたちは、「現在」のことを意外とおろそかにしがちです。「昨日会議で上司に嫌味を言われた」「明日のランチは何を食べよう?」など、頭に浮かぶのは「過去」や「未来」のことが多いのではないでしょうか。

怒りの感情も同じで、何年も前のできごとを思い出してムカムカしたり、「あんなやつ、いつか痛い目にあえばいい」など、怒りの矛先を「未来」にまで向けることがあります。「現在」以外のことにとらわれて、よけいな怒りを生んでしまうのは人間の悪いクセの一つです。

もっと目の前のことに集中してみましょう。

心のなかで「現在」を実況中継する

たとえば、食事をしているときは、料理を味わうことだけに感覚を向けてみてください。ご飯をしっかり噛むことに集中するだけでも、イライラが次第に小さくなっていきます。

もっと効果的なのが、自分のすることを心のなかで「実況中継」してみることです。「まずは、サラダに箸がのびた!」「おっと、味噌汁の具は、わかめと豆腐です。かつおの出汁がきいておいしいですね~」と、心のなかで中継レポートをするのです。

夢中で実況中継しているうちに、怒りのことはすっかり頭から抜け落ちているはずです。

過去や未来のことより、今に目を向けよう

「現在」に集中すると、怒りがおさまる

怒りはだいたい「過去」や「未来」に向けられがちです。「現在」のことに集中すれば、怒りから逃れることができます。

「過去」や「未来」を考える

怒りに対する過去や未来を考えているうちに、イライラを思い出してネチネチと引きずってしまう。それでは、いつまでたっても怒りはおさまらない。

「現在」のことを考える

過去や未来ではなく、「現在」に目を向けてみる。「ご飯に手がのびた」「キーボードを打っています」など、心のなかで行動を実況中継することに集中しているうちに、怒りはおさまっている。

休み時間

夫婦で正反対！　怒りの対処法

怒りへの考え方や価値観は人それぞれという話をしましたが、
アンケート調査によって、男女間でも差があることがわかりました。
その一例として、怒りの対処法について取り上げます。

日本アンガーマネジメント協会では、20～59歳の既婚男女516人を対象に、怒りに関するアンケートを実施しました。

その結果、怒りの対処方法が男女で正反対であることがわかりました。「パートナーにイライラをどのように伝えるか」という質問に対し、女性側は「パートナーに直接話す」が半数の割合を占めた一方、男性側は「伝えず、自分のなかで処理する」が半数の割合を占めたのです。

この結果から、女性は共感してもらうために怒りを言葉に表し、男性は共感してもらうために怒りを態度で表すという推察ができます。この正反対の対応は、コミュニケーションをとる際に大きなすれ違いを生みます。

解決策としては、ふだんから些細なことでも言葉にすること。大きなすれ違いになる前に、お互いの考え方や価値観を理解していれば、よい夫婦関係を築いていけるでしょう。

「パートナーにイライラをどのように伝えますか？」（複数回答可）

	夫	妻
1位	伝えず、自分のなかで処理する（51.4％）	パートナーに直接話す（58.2％）
2位	パートナーに直接話す（39.9％）	伝えず、自分のなかで処理する（35.6％）
3位	メールやLINEを使って伝える（2.9％）	メールやLINEを使って伝える（7.7％）
4位	手紙等を書いて伝える（2.4％）	手紙等を書いて伝える（3.8％）
5位	SNSの書き込みを通して伝える（1.0％）	SNSの書き込みを通して伝える（1.9％）

（一般社団法人 日本アンガーマネジメント協会調べ）

BASIC ELEMENT IN ANGER MANAGEMENT

2限
怒りのしくみを知ろう

怒りが
なぜ生まれるか、
なにがきっかけかを
学んでいこう！

introduction❷

怒りのメカニズムを知ろう！

わたしは、5分前だったかな……
ナヌ!
30分前くらいに来るべきだ!
どうだ!!
来るべきってことはないと思うけど……
……
ガルル
スッ
先生!?
いま、イカリくんが話してた「〜べき」っていうのは、アンガーマネジメントでポイントとなる言葉だよ
神出鬼没でゴメンネ
「〜べき」っていうのは、コアビリーフという自分の常識やルールのことなんだ
ということは、人それぞれに常識やルールがあるってことなんだ
▶P.68
ほーーっ

今も、二人は出社時間に対する常識が違ったよね？
その常識をどこまで許せるかが怒りをコントロールするうえで大切なんだ
確かに…
てことは、すべて許せるようになれば怒りはなくなるんですかね？
ビュルル
怒
カキーーン
それは違うよ
まず許せる・許せないの線引きが必要だよ
ツー
でも、怒ったり怒られたりするのって悪いことな気が……
そんなことないよ「嬉しい」「楽しい」の感情と同じで、だれもがもっているし
自分を守るために必要な感情なんだ
喜
怒
哀
楽

← メカニズムを知って、怒りへの理解を深めよう

怒りとは？ ❶

怒りってなんだろう？

怒りは第二次感情

怒りは「**第二次感情**」といわれ、その背景には「**第一次感情**」とよばれるものがあります。怒りの前は、この第一次感情がまず存在します。

第一次感情には、「嬉しい」「楽しい」「つらい」「悲しい」「不安」といった、さまざまな感情があります。

あなたの心のなかにコップがあると想像してください。コップがネガティブな第一次感情でいっぱいになると、「怒り」という第二次感情に姿を変えてあふれだします。「怒りっぽい人」は、このネガティブな感情が多いため、コップがあふれやすくなっているのです。

怒りは悪いことではない

怒りっぽい人は、「怒りたくない」「怒るのは悪いことだ」と、自己嫌悪に陥っているかもしれません。しかし、怒り＝悪ではありません。「嬉しい」「楽しい」といったほかの気持ちと同じ、人間の大切な感情の一つです。問題は、コップのなかに不満をため込み、ドカンと怒りを爆発させることです。

怒りっぽい性格を変えたいならば、いつでも変えることができます。なぜなら、怒りは自分のなかにある感情だからです。自分の怒りを認め、落ち着いて気持ちを整理すれば、怒りの表し方をコントロールできるようになります。

「怒り」は「嬉しい」
「楽しい」と同じ、
大切な感情なんだ！

【第一次感情】　人間の根底にある感情。上で挙げたもののほかに、寂しさや悔しさ、心配、落胆といった感情もある。

「怒り」は大切な感情の一つ

人はさまざまな感情をもっており、それらによいも悪いもありません。怒りは悪い感情だと思われがちですが、大切な感情の一つです。

「どんな感情も大切」

心のなかのコップがあふれると怒りになる

第一次感情　　**第二次感情**

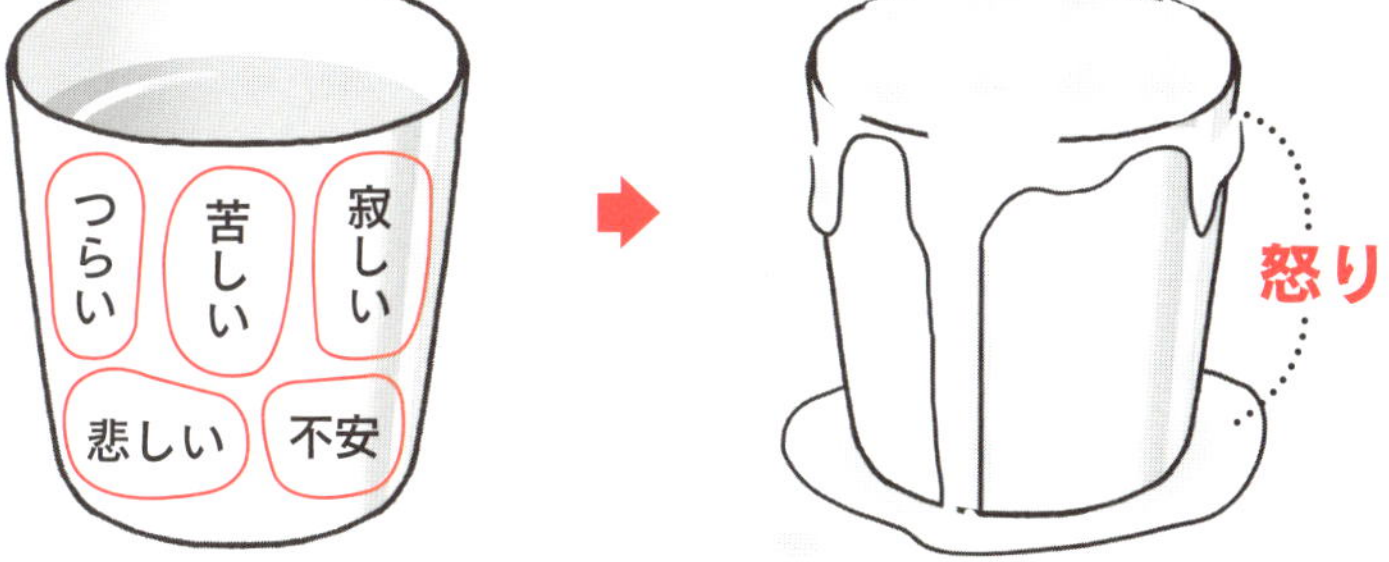

心のコップに「不安」「悲しい」「寂しい」などの第一次感情がたまる。

コップが第一次感情でいっぱいになると、「怒り」となってあふれ出る。

【第二次感情】　第一次感情にともなって発生する感情。心がコップだとすると、コップ内に第一次感情がたまり、それがいっぱいになったときに第二次感情となってあふれる。

怒りとは？ ②

怒りはどうして生まれるの？

怒りのメカニズムを知ろう

怒りをコントロールするには、まず「怒り」そのものをよく知る必要があります。

じつは、怒りとは、熱いものに触れたとき、思わず手を引っ込めてしまうような一瞬の反応で生まれるものではありません。

わたしたちは、怒りを感じるまでに、三つのステップを踏みます。

まず、第一段階は、**できごととの遭遇**です。たとえば、帰りがけに上司に残業を頼まれたとします。第二段階は、この**できごとへの意味づけ**。あなたは、上司の頼みを「嫌がらせだ」「自分ばかりひどい」と考えたとします。すると、第三段階で「ムカつく」「パワハラだ」などと、**怒りの感情が発生**するのです。

「意味づけ」が怒りを生む

この三段階でポイントとなるのは、第二段階の「意味づけ」です。ここで「自分は頼りにされている」とポジティブに考える人もいるでしょう。すると、怒りは生まれず、むしろ、やる気を出して、上司の期待に応えようとします。

このように怒りは、意味づけの段階にネガティブな発想をすることによって、引き起こされます。つまり、あなたを怒らせているのは、できごとそのものではなく、あなた自身の考え方によるものなのです。

怒りは一瞬で生まれるものではないんだよ！

怒りは段階を踏んで発生する

怒りは、瞬間的に生まれるものではありません。怒りの発生までには、3つの段階があり、その過程を知ることが大切です。

第一段階

できごととの遭遇

通勤途中に、「人にぶつかられた」という、できごとに遭遇する。

↓

第二段階

できごとへの意味づけ

できごとについて考え、意味づけをする。

意味づけA
きちんと前を向いて歩くべき。ぶつかったなら謝るべき。

意味づけB
急いでいるのかな。きっと、わざとじゃないだろう。

↓

第三段階

「怒り」の感情が発生

意味づけAのように考えると、怒りの感情が発生する。

どんな意味づけをするかは人それぞれ。
考え方によって、怒りを防ぐことができる。

怒りとは？③

アレルギー反応に似ている

人によって違う怒りの反応

毎年、春になると花粉症に悩まされるという人も多いでしょう。花粉症はアレルギーの一つです。花粉症以外にも、ダニやハウスダスト、卵やソバなど、アレルギー反応を起こす原因物質はたくさんあります。これらの原因物質は、それ自体が人体に有害なわけではありません。また、すべての人がアレルギー反応を起こすわけでもありません。

このようなアレルギー反応は、怒りによく似ています。怒りにもさまざまな原因や理由があります。そして、同じできごとであっても、怒りの反応が出る人と出ない人がいます。たとえば、街角で人がぶつかってきたとき、イラッとして「気をつけろ！」と怒鳴る人もいれば、まったく気にしない人もいるのです。

アレルギーに
反応する人も
いれば、しない
人もいるね

怒りのアレルギーを治すには？

このたとえから言うと、怒りっぽい人というのは、アレルギーに敏感で反応しやすい人といえます。

アレルギーの治療法として「**対症療法**」と「**体質改善**」がありますが、怒りも同じです。

その場の怒りをとりあえずすぐおさえる「対症療法」と、怒りやすい自分の性質そのものを変えていく「体質改善」です。どういった方法かは、3限以降に解説します。

人によって怒りの原因はさまざま

アレルギー物質に反応する人もいれば、反応しない人もいます。怒りも同様に、同じできごとに対して怒る人もいれば、怒らない人もいるのです。

アレルギーの場合

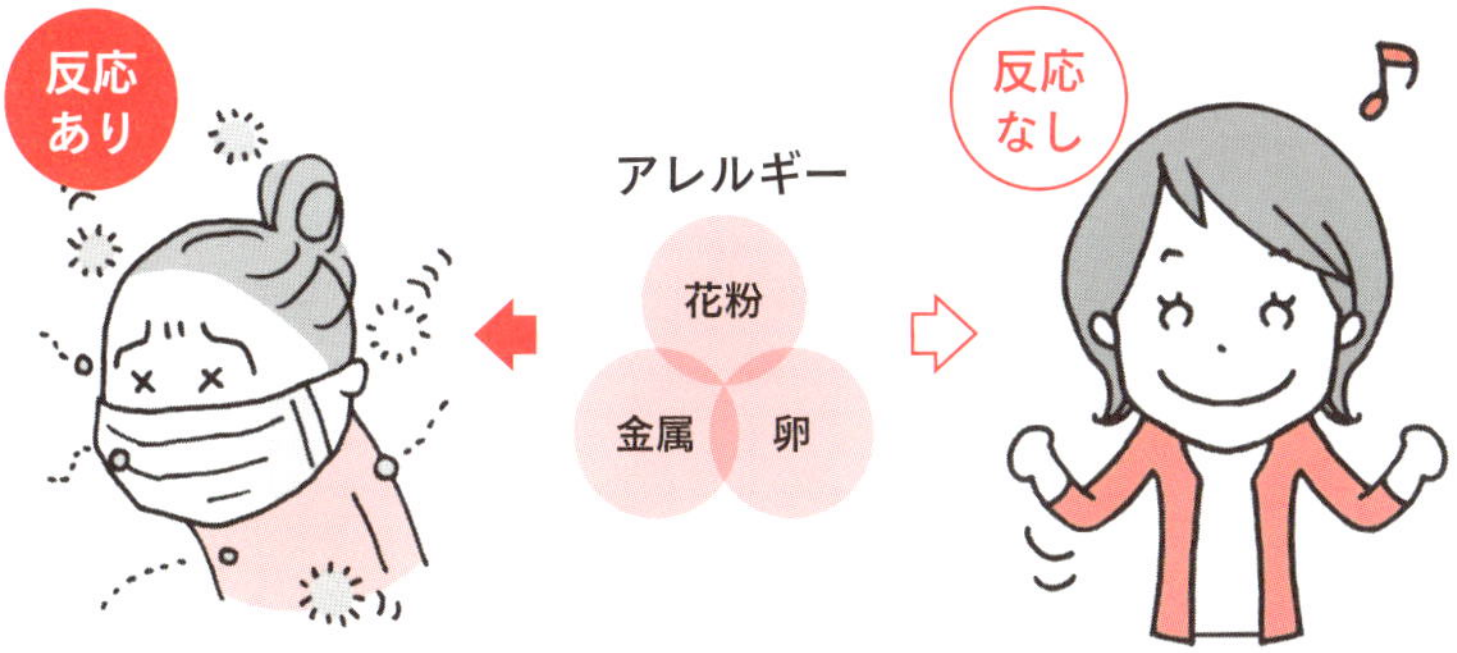

アレルギー物質にはさまざまな種類があるが、同じアレルギー物質でも「反応する人」もいれば、「反応しない人」もいる。

怒りの場合

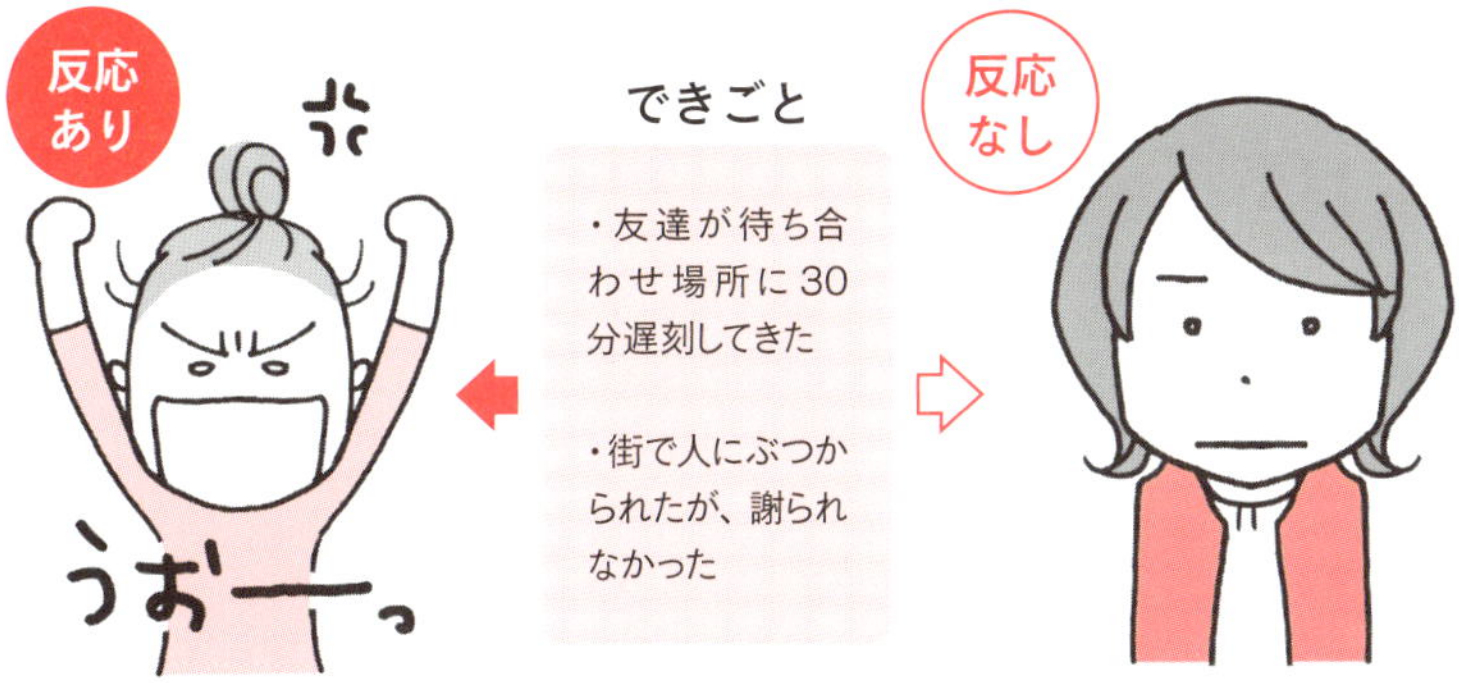

怒りもアレルギーと同じく、反応あり・なしに分けられる。怒りのアレルギーを治すには、怒りをすぐに鎮める「対症療法」と、怒りっぽい性質を変える「体質改善」がある。

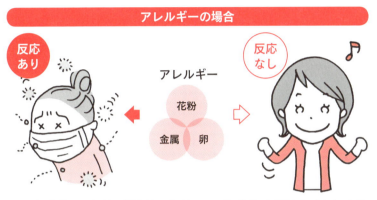

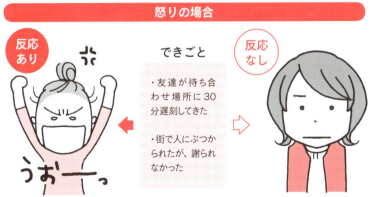

怒りとは？④

人間関係を壊す四つの怒り

問題となる怒りとは？

怒りは悪いことではなく、人としてしぜんな感情の一つです（▼P.52）。しかし、次の四つの怒りには注意が必要です。

①相手に暴力をふるったり、物を壊したり、自分を責めたりする**攻撃性をともなう怒り**。

②思い通りになるまで暴れたり、怒鳴ったりする**強度が高い怒り**。

③一日あるいは一週間のなかで、何度も腹を立てたりイライラする**頻度が高い怒り**。

④長い間、恨みや憎しみの感情をもちつづける**持続する怒り**。

これらは、**人間関係を壊す怒り**です。

四つの怒りとのつき合い方

怒りは本来、自分を守るための感情です。だからといって、攻撃的になったり、強い怒りを他人にぶつけてよいわけがありません。

たとえ、強い怒りを感じる理由があっても、それをそのまま相手にぶつけたところで問題解決にはつながりません。むしろ、相手はあなたの人格を疑い、あなたから距離を置こうとするでしょう。

あなたが怒った理由や、相手への思いを正確に伝えたいなら、度を越した怒りを相手にぶつけないよう、上手にコントロールしていかなければなりません。

怒りの表し方を間違ってはいけないよ

【情動】 怒りや驚き、喜びなど、急激かつ一時的に発生する本能的な感情。心拍数が上がるなど、身体的な変化が現れることがある。

注意すべき４つの怒り

怒りの感情のなかでも、とくに注意しなければいけない４つのパターンがあります。

❶ 攻撃性をともなう怒り

他人や物にあたったり、自分を責めたりする怒り。取り返しのつかないケースになりやすい。

❷ 強度が高い怒り

とにかく強くぶつける怒り。強く怒ったからといって、問題が解決されるわけではない。

❸ 頻度が高い怒り

常にイライラしている怒り。そのイライラから逃れるため、周囲はあなたを避けていく。

❹ 持続する怒り

いつまでも根にもつ怒り。恨みや憎しみをもちつづけることは、時間とエネルギーのムダづかい。

【攻撃行動】 他人に対して、精神的・身体的に危害を加えること。

怒りの性質 ①

上から下に流れる

怒りは弱いものに向けられがち

怒りには、いくつかの性質があります。まず、一つめは、怒りは上から下に流れやすい性質があるということです。

たとえば、後輩には厳しい態度がとれても、上司には不満があってもはっきり言えないという人は多いのではないでしょうか。

人は、怒りを自分より弱い立場の人に向けてしまいがちです。しかし、このような上から下へ流れる怒りは、あまり気持ちのよいものではありません。安易な怒りは、見ている人からの信頼を失いかねません。「怒りを下に流さない」と強く意識することが大切です。

匿名心理が怒りを増幅させる

なにかと話題になるＳＮＳやブログの炎上も、上から下への怒りのひとつです。

ネット社会では、**匿名**で相手を攻撃する人がいます。「匿名」という安全地帯にいる限り、いくら相手を攻撃しても、自分に害が及ぶことはほとんどありません。匿名という強い立場を振りかざして、弱いものを攻撃しているのです。

また、車を運転しているときも、同じような心理作用が起きます。ふだんは弱気な人が、車という強い鎧を着たとたん、強気で乱暴な運転をするということがあります。このようなふるまいは、最悪な結果になる前に改めましょう。

立場を
利用した怒りは
よくないよ！

やりがちな上から下への怒り

怒りは立場の強いものから、立場の弱いものへ向かう傾向があります。以下のような行動には、気をつけましょう。

会社で

「部下には強くあたるが、上司に話しかけられたとたんに、媚びを売るように態度を変える」「ガミガミ怒っていた人が、電話に出たとたんに、声色を変える」ということはよくある。人はつい、立場を利用して逆らえない相手に怒りをぶつけてしまう。

車の運転で

車という強い箱に乗ると、自分も強くなったと勘違いしやすい。その結果、運転が荒くなり、歩行者など弱い立場の人を傷つける。

インターネット上で

匿名だと、「いくら批判をされても、自分だとバレないから大丈夫」という心理が働く。安全な状況にあるほど、怒りを強く表しがち。

怒りの性質 ❷

身近な人ほど強くなる

身近な人ほどぶつかりやすい

赤の他人には、それほど腹が立たないのに、家族や友人などの身近な人には、つい怒りを爆発させてしまうことはありませんか？

怒りは、身近な人にほど強くなりやすいという性質があります。

たとえば、あなたが会社を辞めて起業する夢を語ったとき、よく知らない人に「そんなに甘くないよ」と言われたとします。あまりいい気分はしませんが、「言いたい人には言わせておけ」というくらいの気持ちで、その場を流せるのではないでしょうか。

しかし、あなたの夢を否定するような発言をしたのが、あなたの恋人や配偶者、親友だとしたら、どうでしょう。失望や怒りが湧いてくるのではないでしょうか？

怒りは「わかってほしい」の裏返し

怒りの感情の裏には、「わかってほしい」「自分の味方をしてほしい」という気持ちが隠れています。そのため、「この人ならわかってくれるはず」という**信頼**が厚い相手ほど、同意が得られなかったときに怒りを感じやすいのです。

もし、身近な人に怒りの感情をもったとしても、その人を憎んだり嫌ったりしているわけではありません。その人に対して「自分をわかってほしい」という**欲求**が強いだけなのです。

理解してほしい
相手にほど、
怒ってしまうんだ

【承認欲求】　他人から認められたいと思う願望で、人間の根本的な欲求。この気持ちが強い人は、自己愛が強いナルシストの傾向がある。

理解してほしい相手ほど怒りを感じやすい

怒りは、「わかってほしい」という欲求からも生まれます。そのため、自分が信頼を置く身近な存在であるほど、怒りが強くなる傾向にあります。

今日、会ったばかりの人の場合

まだよく知らない相手に、自分の夢を話してみたが、否定されてしまった。

それほど親しくないので、否定されても「しょうがない」と引き下がることができる。

身近な人の場合

家族や恋人、配偶者などに、自分の夢を話してみたが、否定されてしまった。

自分を理解してくれるはずの相手から、否定されたため、「わかってほしい」と怒ってしまう。

【思考承認】 承認欲求の一つで、行動には移していないが、考えたことは認めてほしいという気持ち。最初の一歩が踏み出せない人が抱きがち。

怒りの性質❸

周囲に伝染する

怒りが怒りを引き起こす

怒りには、周りに伝染するという性質があります。

理由がわからないけれど、上司がイライラしているときがありませんか？　それに対して、「なんだかわからないけれど、自分までイライラしてきた」というときは、上司の怒りが伝染した証拠です。

ほかにも、だれかが電話の相手に怒っていると職場の空気が悪くなったり、数人の同僚が上司の愚痴を言っているのを聞いたら、思ってもいないのに同調してしまったり……これらは、すべて怒りが伝染したために関係のない人にまで影響が及んだ例と言えます。

このように、ほとんどの人は多かれ少なかれ、他人の怒りに影響されてしまいます。

怒りは人を
巻き込み
やすいんだ

強いエネルギーをもつ怒り

どの感情も人に伝染するといわれていますが、そのなかでも怒りはほかの感情と比べて、強いエネルギーをもっています。そのため、他人に伝染・影響しやすいのです。

しかし、怒りと上手につき合えるようになれば、その伝染を断ち切ることができます。他人の怒りに冷静に対応したり、イライラが充満している場所に近づかないようにしたり、回避方法はいくらでもあるのです（▼P.132）。

イライラは周囲を巻き込む

怒りは、「周りに伝染する」という性質があります。あなたのイライラが、ときには大切な人まで巻き込んでしまうこともあります。

ある人のイライラが相手に伝わり、伝わった相手がまただれかに怒りをぶつける……といった、上から下へ流れる性質と合わせて「イライラの連鎖」が発生する。

対処法

イライラが充満している所には近づかない

イライラが充満している場所は、怒りが伝染しやすいところ。悪口や愚痴話の輪に入らないなど、怒りが渦巻くところに近づかないようにすれば、ムダな怒りが減っていきます（▶ P.132）。

怒りの性質 ❹

プラスのエネルギーに変えられる

怒りがもつプラスの力

あなたは、提案したプランが上司に気に入られず、頭ごなしに怒られたとき、どんな反応を示しますか？

A「偉そうに怒りやがって、ムカつくな」と、同僚とうさばらしに飲みに行く。

B「悔しいけど、次は絶対いい仕事をして見返してやる！」と、仕事にまい進する。

この場合、Aの人はマイナスの方向に、Bの人はプラスの方向に感情が変化しています。同じ怒りでも、できごとへの意味づけ（▼P.54）によって考え方は180度変わります。

どちらが怒りの建設的な発散方法か、もうおわかりですね？

プラスの性質を生かそう

このように怒りは、不満や恨みなどのマイナスのエネルギーをもつ一方、プラスのエネルギーにも変えられるという性質をもっています。

それは、仕事をがんばる**原動力**としたり、他人と競うための**モチベーション**にしたりと、怒りを自分を高める力に変えられるということです（▼P.116）。

怒りの理由がなんであれ、怒りのマイナス面ばかりを考えるのではなく、プラス面の性質を有効活用していき、怒りを生かす人を目指しましょう。

怒りを何かを
がんばる力に
変えよう

怒りは、成功への大きなエネルギーになる

怒りは、考え方によってはよい方にも悪い方にも向けられます。どうせなら、よい方向に向けて、成功へのエネルギーとしましょう。

プラスに向ける人

「悔しい！」という怒りの感情を、「次こそ！」というやる気に変える。

怒りをモチベーションに変えることができれば、よい結果につながり、悔しかった気持ちもすっきりする。

マイナスに向ける人

落ち込みタイプ

「どうせぼくなんか……」と悲観的になる。いつまでも、できごとを引きずる。

逆ギレタイプ

「偉そうに！」とケンカ腰になる。人や物にあたって、取り返しのつかない事態に。

怒りの原因 ①

怒りの境界線「コアビリーフ」

だれもが心の色メガネを掛けている

人には、それぞれ独自の**価値観**があります。「待ち合わせ時間の5分前に集合する」「目上の人には必ず敬語を使う」など、自分が当たり前と思っているルールや常識をアンガーマネジメントでは「**コアビリーフ**」といいます。

コアビリーフは「**心の色メガネ**」のようなものです。わたしたちは、そのメガネを通して物事を見ているのです。自分がどんな心の色メガネを掛けているか、考えてみましょう。

自分の色メガネを通して見た世界が、自分の信条に反して受け入れられないとき、イライラや怒りの原因になります。

「〜べき」を手放そう

人は、自分のなかに「〜べき」という**常識**を設けています。その常識にしがみついている人ほど、怒りの感情をもちやすいといえます。

頭のなかに三重丸を思い浮かべてください。一番内側の小さい円が「許せるゾーン」、二番めの円が「まあ許せるゾーン」、三番めが「許せないゾーン」です。怒りを減らすには、「まあ許せるゾーン」を広げることがポイントです。

たとえば、待ち合わせなら「必ず時間を守るべき」ではなく「連絡すれば遅刻してもＯＫ」など、「〜べき」を少しずつ緩くしていくとよいでしょう。

「許せる」「許せない」
の境界線は、
人によって違う

【コアビリーフ】　アンガーマネジメントでいう、人それぞれがもつ考え方や価値観のこと。「〜べき」と思っていることが、コアビリーフに当てはまる。

「まあ許せる」の範囲が広いと怒りにくい

人によってコアビリーフは違います。怒りっぽい人は、「まあ許せる」の範囲を広げ、「許せない」の範囲を狭くしていけば、イライラが減ります。

怒りが多い人

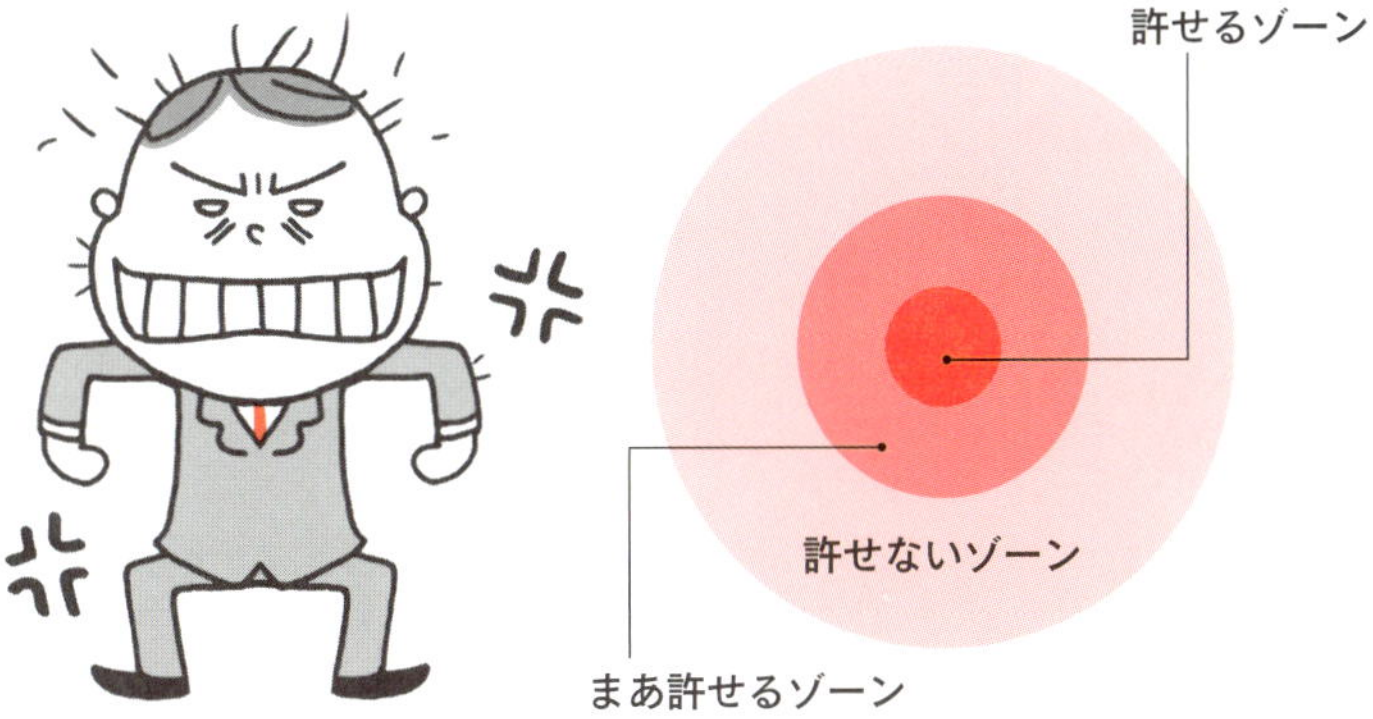

怒りが少ない人

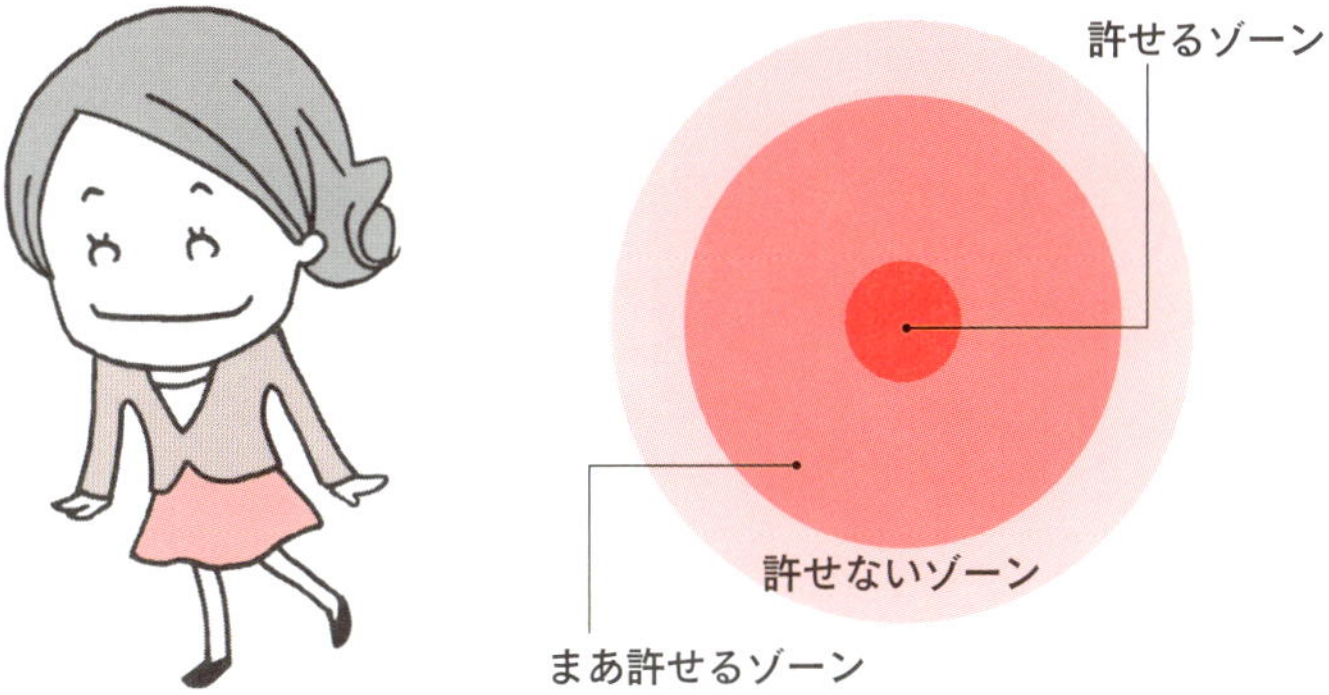

上の2つの円を見くらべると、怒りが多い人の円は「許せない」の範囲が広いことがわかります。怒りが少ない人の円は、「まあ許せる」の範囲が広いです。そのため、大抵のことは「まあ、いいか」と流すことができます。怒りやすい人は、「まあ許せる」の範囲を広げていけばいいのです。いきなり「許せる」の範囲を広げる必要はありません。

怒りの原因❷

人によって異なる コアビリーフ

考え方の違いを知る

自分の**コアビリーフ**にこだわりすぎると、日常生活で不快なことが起きやすくなります。

たとえば、電車のなかで大声で会話している若者たちがいたとします。それを見てあなたはどう感じるでしょう？

A「電車内は公共の場だから大声で話すべきではない」

B「大声で話すぐらい問題ない。周りの音もうるさいし、小さい声じゃ聞こえないだろう」

Aの反応をする人は、「電車内では静かにするべき」というコアビリーフをもっています。しかし世の中には、Bのコアビリーフをもっている人もいます。

人は、目の前の事実に納得がいかないとイライラしたり、不満を感じたりします。しかし、自分のコアビリーフが絶対的に正しいとは限りません。環境や場所が変われば、自分のコアビリーフが通用しないこともたくさんあります。

例に挙げた「電車内で大声で話す」という行為も、ニューヨークでは一般的に受け入れられている行為です。

「他人目線」をもとう

日本国内でも地方と都会では、コアビリーフが違うことがあります。たとえば、都会では、近所の人が勝手に家に上がり込んで来たら、非

【対人葛藤】　他人との間で不一致が起こること。その原因として、態度や価値観、目標などが挙げられる。

自分と違う価値観があることを理解する

怒りは自分の価値観と相手の価値観に、ズレが生じたときに発生します。まずは、「価値観は人によって違うんだ」ということを理解することが大切です。

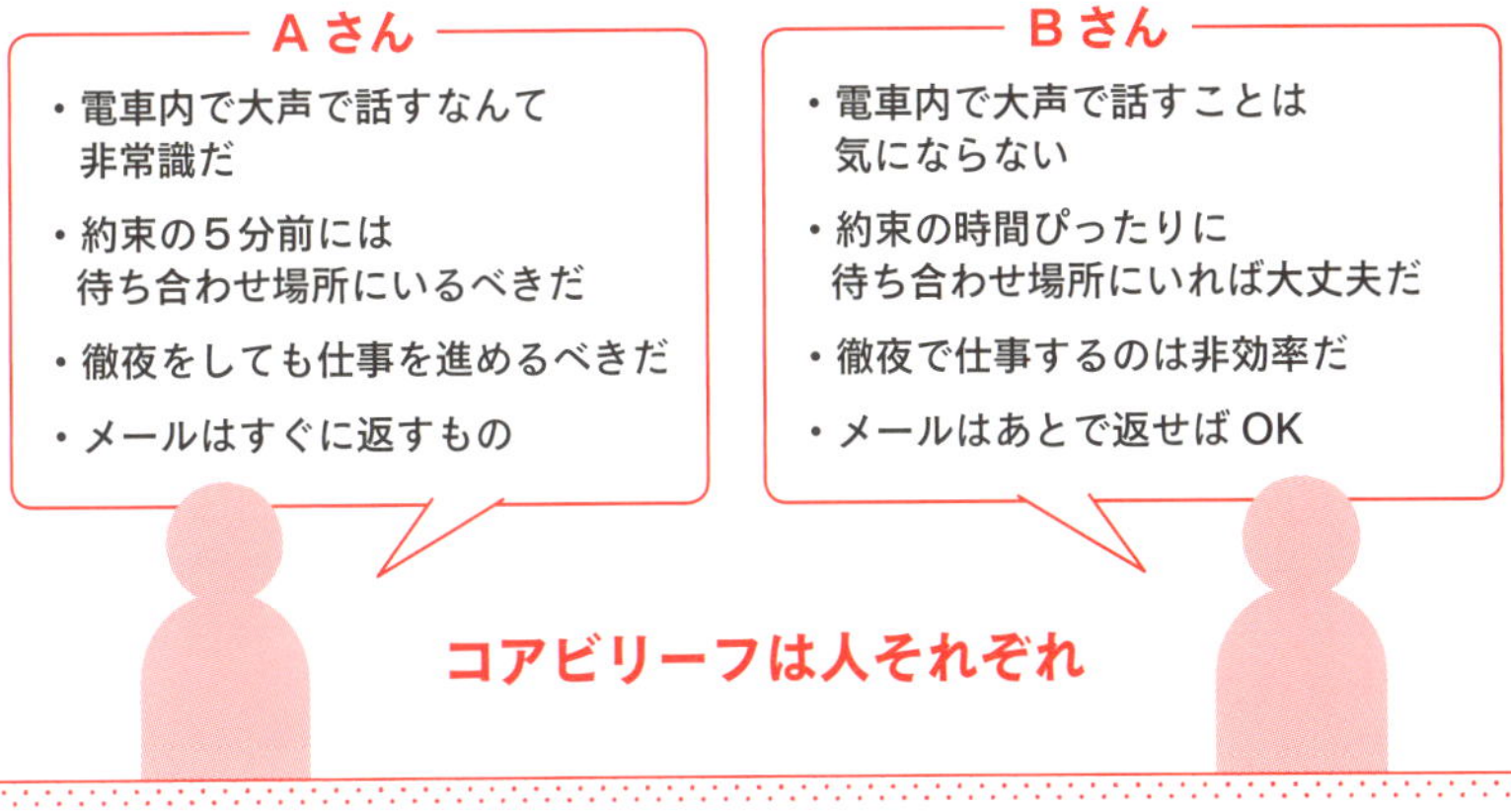
Aさん
・電車内で大声で話すなんて非常識だ
・約束の５分前には待ち合わせ場所にいるべきだ
・徹夜をしても仕事を進めるべきだ
・メールはすぐに返すもの
Bさん
・電車内で大声で話すことは気にならない
・約束の時間ぴったりに待ち合わせ場所にいれば大丈夫だ
・徹夜で仕事するのは非効率だ
・メールはあとで返せばOK
コアビリーフは人それぞれ

常識と思うでしょう。しかし田舎では、それが普通のご近所づき合いだったりします。

基本的に、だれがどんなコアビリーフをもつのも自由です。それについて、どれが正しくてどれが間違っているということもないのです。

大切なのは、**自分と違う価値観や考え方をもつ人がいるということを理解すること**です。

意見が対立してイライラするときは、怒る前にちょっと立ち止まり、「なぜ、この人はこう思うのだろう？」と考えてみてください。

とくに、現代はグローバル化が進み、海外の人たちの多様な価値観を理解しなければ、ビジネスの世界でも取り残されてしまうでしょう。

自分のコアビリーフに基づく「こうあってほしい」という世界は、理想でしかありません。現実の世界とはギャップがあることに気づかなければなりません。**ギャップ**に気づき、上手に折り合いをつけるために、物事を「**他人目線**」で見ることを心がけましょう。

怒りの原因 ③

怒りの引き金「トリガー」

あなたの「トリガー」は何？

人には、触れられると怒りにつながるポイントがあります。これを、アンガーマネジメントでは「**トリガー（引き金）**」とよんでいます。トリガーは、あなた独自の**心の色メガネ**、つまり先入観やこだわりからくるものです。

　たとえば、「あなたはどこの大学出身？」と聞かれただけで、イラ立つ人がいます。このような人は「有名大学でなければバカにされる」とか、「東大卒のヤツばかり出世して頭にくる」という心の色メガネをもっているのかもしれません。そのせいで、「学歴」が怒りのトリガーになっているのです。

自分の「心の地雷」を知ろう

トリガーは、その人の過去のつらい経験に由来することが少なくありません。たとえば、先ほどの「学歴」を聞かれて怒る人は、「受験に失敗したことを家族に責められ、深く傷ついた」といった経験があるのかもしれません。そのため、同じように心ない言葉で傷つかないよう、怒りという感情で防衛しているのです。

　しかし、過去のできごとにとらわれて、いちいち腹を立てるのはエネルギーのムダづかいです。怒りにふり回されないために、自分が反応しやすい「**心の地雷**」に気づき、対処法を考えておきましょう。

トラウマは
少しずつ解消
していこう

【防衛反応】　不安や不快といった感情から、自分を守ろうとするために起こる反応。「防衛機制」とよばれることもある。

自分のトリガーを知り、怒りへの事前対策を

怒りのトリガーは、自分の経験から生まれたものです。そう簡単に消すことはできませんが、自分のトリガーは何かを知っておくだけでも、ずいぶん違います。

怒りのトリガーはどのようにしてつくられる？

つらい経験
「太っていることをバカにされた」「受験に失敗したことを強く責められた」など、思い出したくないような経験がある。

↓

心の色メガネ
つらい経験から、「どうせバカにされる」「頭がいいヤツばかり出世してムカつく」などの先入観がつくられる。

↓

怒りのトリガー
経験によってつくられた先入観が、怒りの引き金となる。「自分がなぜ怒りを感じたか」をふり返ると、「体型」「学歴」といった同じようなことで怒っていることが多い。

トリガーに触れられたときの対処法を考えておくと、
怒りが強くなったり、長引いたりすることを防ぐことができます。

【劣等感】　主観的に考えて、他人とくらべたときに劣っていると感じること。

休み時間

怒りっぽい人は病気になりやすい？

怒ることは、人間関係を壊してしまうという話をしましたが、
体にも悪影響を与えていると言われています。
実際に、健康に害を及ぼすという研究結果も発表されています。

アメリカの国立老化研究所が行った研究によると、怒りっぽい人は寛容な人にくらべ、心臓発作や脳卒中のリスクが高いそうです。また、日本にある大阪府立健康科学センターの研究によれば、怒りをため込む男性は、高血圧になりやすいと言われています。

そのほかに、アメリカでは怒ることによって心筋梗塞の発症率が高くなるというデータも報告されています。

病気だけでなく、怒りとケガも関連しています。アメリカのオハイオ大学では、被験者に心理テストを受けてもらい、その結果とともにやけどの回復状況を、８日間にわたって観察するという研究を行いました。その結果、怒りやすい人は怒りにくい人にくらべて、圧倒的に回復に時間がかかったそう。

健康を損なわないためにも、怒りをマネジメントしていくことが大切なのです。

BASIC ELEMENT IN ANGER MANAGEMENT

3限
考え方・価値観を変えよう

考え方や価値観を
変えれば
しぜんと怒りが
減っていくよ！

introduction❸

怒らない体質に変えるには？

▶P.94

怒っても怒っても、まったく変わらないんだよな、あいつ
まあまあ
落ち着いて
ガルルガルル
クッ
それはそうと…
あたし、今日もまた部長に怒られて……
後輩の指導はどうなってるんだ！
ええっ
こんなにがんばってるのに、まったく評価されないの！きっと部長はわたしのことが嫌いなんだ……
▶P.102
な〜ん〜で〜
わ〜た〜し〜だ〜け〜
ガバッ
うっうっうっ
髪がヤキトリのタレに…
へいおまち!!
それは違うよ
2人とも
先生!?

まず、イカリくん！
「30分前に来る」というのは、イカリくんが決めたルールなんだ
それを無理に押しつけたり、怒鳴って圧力をかけたりしても、後輩はなにも変わらないんだ
フンフン
そして、アンガさん！
ハイ
食べる？
きみは、本当に評価されていないのかな？
……
えっと…
あんな店員いたっけ!?
あ
昨日はほめられました！
人はね、怒っているときには大げさな表現をして、自分の怒りを正当化してしまうんだ
怒りと上手につき合うためには、その考え方や価値観を変えていく必要があるんだ

← 自分を変えるための一歩を踏み出そう！

自分を変える勇気をもつ

他人を変えるより、自分を変える

ここまで「怒りはコントロールできる」「怒りとはなにか」を話しましたが、具体的な方法を伝える前に大前提として、覚えていてほしいことがあります。

それは、**自分が変わる**ということです。「怒りをマネジメントする」ということを、「自分以外の物事を思い通りに動かすことで、怒りを引き出さないようにする」ことだと誤解をしている人もいます。しかし、世の中には自分で変えられないこともたくさんあります。それを変えようとして、多大なエネルギーを使うよりは、自分を変えたほうが断然、効率的です。

自分を変えることに挑戦する

そうは言っても、自分を変えることは簡単なことではありません。

人間は、よい方向であっても悪い方向であっても、変化することを恐れます。なぜなら、変わらない日常に心地よさを感じているからです。たとえ、あなたが不満を抱えていたとしても「まあいいか」と思っていたら、その状況に心地よさを覚えているのでしょう。しかし、それではいつまでたっても何も変わりません。

怒りと上手につき合いたいのなら、自分を変える勇気をもち、新しいことに挑戦していきましょう。

怒りの
マネジメントは、
自分の変化から！

【変化ログ】　自分が変わりたいことや、変わるためにどんなことをするか、いつまでに変わりたいかなど、変えていきたいことを書き出す、アンガーマネジメントのテクニック。

自分を変えられる人と、そうでない人

あなたが助言をもらいたいとき、どちらを選びますか？　その回答によって、あなたが自分の変化を受け入れるか、受け入れられないかがわかります。

あなたはどちらを選びますか？

役に立つアドバイス

もっとこうしたほうがいいよ！
キッパリ

変化することを受け入れる

役に立つ助言は、成長を促す、いわば挑戦の後押しをするアドバイス。それをクリアするためには、自分を変えなければならない。このアドバイスを求める人は、自分が変わることに挑戦できる人。

安心できるアドバイス

大丈夫だよ。ドンマイドンマイ
そうですね
はあ…

心の奥で「変わりたくない」

聞いたときにホッとするアドバイスを選んだ人は、「自分は悪くない」という慰めを求め、自分の変化を望まない人。

役に立つアドバイスを選んで、挑戦する勇気をもとう！

自分を知る
記録術❶

怒りを記録する「アンガーログ」

自分の怒りを客観視する

わたしたちは自分の怒りについて、じつはよくわかっていません。なぜ怒ったのか、どこにイライラしたのか、怒ったときに客観的に考えることは少ないでしょう。

そのため、「いったい何があったの？」と聞かれてもうまく答えられなかったり、エスカレートして話を大げさにしてしまったりします。

怒りをコントロールするには、まず、自分の怒りについてよく知ることが大事です。自分の怒りの原因がどこにあるのか、なぜ怒ったのかがわからなければ、解決策も見つかりません。

そこでまず、あなたの「怒り（アンガー）」を「記録（ログ）」してみましょう。

怒りの感情を、紙に書き出すことで怒りを「見える化」するのです。

自分がなぜ
怒っているか、
客観視しよう！

書くことで怒りがおさまる効果も

アンガーログは、自分の心に渦巻く漠然とした怒りの感情を、紙に書き出すことで視覚化していきます。

書くことには、二つのメリットがあります。一つは、自分の怒りを客観的に見つめられること。もう一つは、怒りをクールダウンできることです。

怒っているとき、あえて「書く」というアクションを起こすことで、意識が怒りから別のことに移ります。すると、だんだん気持ちが落ち着き、怒りがおさまってくるのです。
また、書き出したアンガーログを、時間をおいて読み返すと、「こんなことで怒っていたのか」と、気持ちを整理することもできます。

怒りだしたきっかけや、自分の願望、相手の許せないポイントなどを冷静な目で見ると、怒りにかくれた自分の本音を整理することができます。すると、あなたの怒りは、ぐんとマネジメントしやすいものになります。

怒りを視覚化する

怒りの理由をうまく答えられない人は、紙に書き出してみてください。案外、たいしたことのない怒りかもしれませんよ。

【トリガー（引き金）】 怒りを感じる特定のきっかけ。アンガーログを書くことで怒りの共通点が見え、トリガーが明確になる。

アンガーログを書いてみよう！

では、Aさんの場合を参考に、アンガーログの流れを説明します。要領がわかったら、あなたの怒りも記録してみましょう。

Aさんの場合

怒りを記録することで、怒りっぽい体質を変える

怒りを客観視すると、自分のなかのコアビリーフ（▶ P.68）に気づくことができます。怒りの原因であるコアビリーフに気づき、見つめ直すことで、ムダな怒りを減らせます。また、怒りを「書く」という行動は、感情をクールダウンさせる効果があります。

アンガーログの書き方7ステップ

下のようなフォーマットを用意しておくと便利！

日時	場所
20××年 8月5日の夕方	会社で

できごと	部下に頼んでおいた仕事が終わっていなかった
思ったこと	頼んでおいた仕事は、なにがあってもやるべきだ
言動	強く怒鳴った
結果	不機嫌そうに謝った
怒りの強さ	レベル5

Point

記録をするときは、感情を交えずに事実のみを書く。考えすぎると、「思い出し怒り」が発生し、さらに怒りを強めてしまいかねない。

こちらこそすみませんでした
昨日はごめんきみも仕事があったのに……

Step1 日時

怒りを感じた日を書く。「今朝」「さっき」などあいまいでもOK。

Step2 場所

怒りを感じた場所を書く。

Step3 できごと

「相手はだれか」「どんなことをされたか」など、できごとを感情を交えずに淡々と記録する。

Step4 思ったこと

そのとき自分はどう思ったか、遠慮せず素直に書き出す。ここで自分の「コアビリーフ」がわかる。

Step5 言動

怒ったとき、あなたはどんな言動をとったのか（「言い返した」「何も言わなかった」など）具体的に書く。

Step6 結果

Step5の言動の結果、どうなったかを書いていく。相手はどんな反応をしたかなど、感情を交えずに事実だけを書くようにする。

Step7 怒りの強さ

このできごとに対する怒りの強さを書く（▶P.32）。

↓

気持ちが具体化される

怒りを分析して記録することで、自分の気持ちが具体化される。「あのときこう言ったらよかった」など、新たに気づくことができ、怒りがやわらいでいきます。

自分を知る
記録術❷

怒りを細分化する「ストレスログ」

イライラを四つに分類

「坊主憎けりゃ袈裟まで憎い」ということわざがあるように、怒りが強くなると、それに関連するものすべてに腹が立つことがあります。

たとえば、会社でいつも要領のよい同僚が仕事を押しつけてくることに不満をもっている場合。日ごろのイライラがつのると、その同僚が会議で発言したり、コピーをとったりする姿にさえ怒りを感じるようになってきます。

こんなときは、「**ストレスログ**」をつけて、自分の怒りを四つに細分化してみましょう。

イライラすることを整理するだけで、小さくできる怒りもあります。

自分で変えられることが見つかる

ストレスログは、まず自分が怒りやイライラを感じていることを思いつく限り書き出します。次に、それを「自分で変えられること」と「自分では変えにくいこと」の二つに分けます。さらにそれを「重要なこと」「重要でないこと」に分けて、マトリクスにあてはめます。

こうして見ると、「同僚が残業を押しつける」というのは、怒りのもとになっているので重要度は高そうです。しかし、「きっぱり断る」など、自分でアクションを起こせば、自分で変えられることだと気づけます。イライラも整理すると、解決の糸口が見えてくるのです。

怒りは
整理するだけで、
小さくなる
こともあるんだ

【ストレスマネジメント】 ストレスを解消したり、発生を防いだりすることをさす。

ストレスログで怒りを整理する

怒りがどんどん大きくなり、収集がつかなくなってしまったときは、怒りを細分化して、気持ちを整理しましょう。

ストレスログの書き方

1. 「自分で変えられる」「自分では変えにくい」の軸と、「重要」「重要でない」の軸を書き、右のようなマトリクスをつくる。

2. ふだんの生活のなかで､自分が「こんなことにイライラする」ということを、思いつくだけ紙に書き出す。

3. 書き出したできごとを、マトリクスにあてはめる。

4. もう一度見直し、自分のイライラを再認識する。「重要なこと」に分類されたものの対策を考えていく。

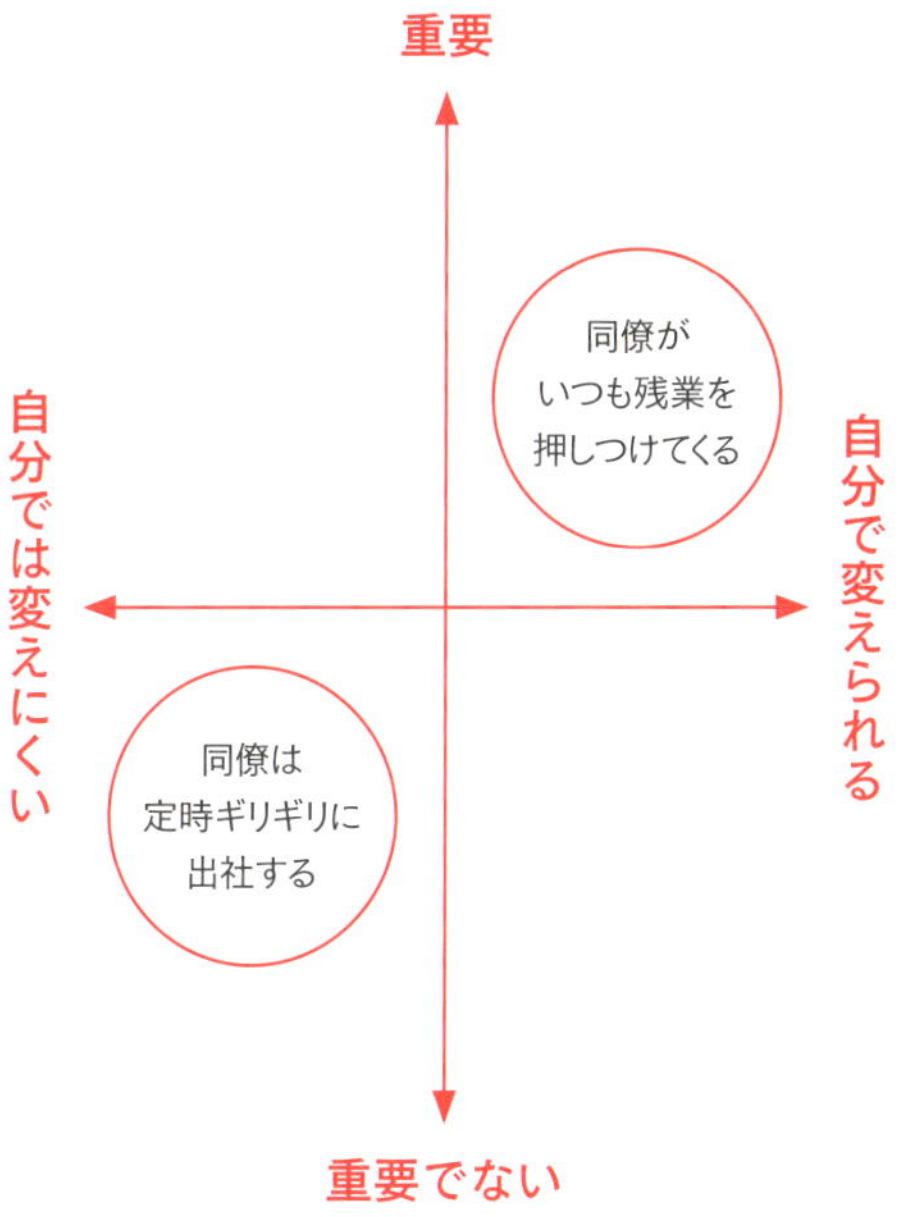

怒りのポイントをしぼる

怒りを分類することで、自分にとって何が重要な怒りか、はっきりさせることができます。重要ではないことであれば、怒りを減らしていく方法を考えましょう。自分で変えられることであれば、すぐに解決できるかもしれません。

自分を知る
記録術❸

コアビリーフを見つめ直す「べきログ」

あなたの「～べき」は何？

怒りの正体を突き止めるために、もう一つ記録しておきたいのが、「～べき」というあなたの心のなかにある見えないルールです。

自分が日ごろ、「こうあるべき」と思い込んでいることを紙に書き出し、「**べきログ**」をつけてみましょう。家族、上司、友人など対象別にリストアップするのもよいでしょう。

書き出すときは「約束は守るべき」「家事は夫も手伝うべき」「待ち合わせ時間の10分前に来るべき」など、具体的に書いてください。すべて書き出したら、読み返して自分のコアビリーフを把握しましょう。

自分のこだわりが明らかに

書き出した「べきログ」は、あなた独自のコアビリーフです。まとめて読んでみると、自分にどんなこだわりがあるか、見えてきます。もしかしたら、自分でも気づかなかった意外なこだわりに気づくかもしれません。

「べきログ」を一通り読み終えたら、その一つひとつを5段階で評価してみてください。自分にとって重要度が高いものは「5」、まったく重要ではないものは「1」、まあまあ重要なら「3」といった具合です。あなたが「5」と評価したものには、強いこだわりがあります。これが受け入れられないと怒りのもとになるのです。

怒りの原因を
明らかにしよう！

自分のなかの「～べき」と向き合う

自分の心のなかにあるルールを紙に書き出し、怒りの原因はどんなことか、明確にしていきましょう。

べきログの書き方

1. 仕事やプライベートで、自分が使ってしまいがちな「～すべき」「～であるべき」を思い返してみる。
2. 思い浮かんだ自分の「～べき」を、紙に書き出していく。家族や上司、友人、恋人など、対象別に考えると、対象者によって違いが出てくることも。
3. 「集合時間の5分前までに来るべき」「夕飯は帰宅前までにつくっておくべき」など、「～べき」の内容は、具体的に書き出す。
4. 書き出した「～べき」を読み返してみる。気づかなかった自分のこだわりが見えてくる。

べきログの記入例

- 待ち合わせ場所には5分前までにいるべきだ。
- 会社を休むときは、メールではなく電話すべきだ。
- 残業をしてでも仕事は終わらせるべきだ。

Point

いざ自分のなかの「～べき」を考えてみても、なかなか思い浮かばないことも。なれないうちは「思いついたときにノートに書く」くらいで大丈夫。

自分のこだわりを整理しよう

怒りの原因となるコアビリーフを書き出すことで、自分の意外なこだわりがわかってきます。こだわりに気づいたら、今度はそれらの重要度を5段階で評価してみてください。重要度の低いこだわりは、手放していきましょう。

自分を知る
記録術④

コアビリーフを見直す「3コラムテクニック」

コアビリーフは
変えられるんだ！

3ステップで怒りをチェック

アンガーログ（▼P.82）と**べきログ**（▼P.88）をつけたことで、自分のこだわりや、どんなことに腹を立てやすいかがわかったと思います。書いてみると、自分が「譲れない」と思い込んでいたことが、それほど重要ではなかったり、変えようと思えば変えられるということも、発見できたのではないでしょうか。

ではここで実際に、自分や周りに悪影響のある**コアビリーフ**を変えていく方法を紹介します。

やり方は簡単です。あなたが書いたアンガーログから、怒りのエピソードを一つ抜き出し、それをテーマに紙に三つのコラム（項目欄）を設けます。そのコラムを順番に埋め、コアビリーフを健全なものに書き換え、許容範囲を広げるのです。これが、「**3コラムテクニック**」です。

自分のゆがみを書き換えよう

まずは、一つめのコラムに「同僚がミスをしたせいで仕事が増えた。フォローしてやったのにお礼も言わないので腹が立った」などと、怒りの感情をもったエピソードを書き込みます。

二つめのコラムに書くのは、あなたのコアビリーフです。「手伝ってやったんだから感謝するべき」「そもそもミスしないように注意するべき」など、イライラのもとになったあなたの考え方を書き出してください。

そして、三つめのコラムは、二つめのコラムに書いた「〜べき」を相手のコアビリーフと対立しないものに変えていきます。

たとえば「同僚は上司に叱られていて、焦っていたのかもしれない」「ミスはだれにでもあること」など、怒っていたときには気がつかなかった柔軟な発想を書き出しましょう。

これを繰り返し行うことで、自分の許容範囲が広がり、怒りを減らすことができるようになります。

コアビリーフを見直すための3つのコラム

怒りの原因となっているコアビリーフは、意外と変えられるもの。怒りを感じたら、3ステップでコアビリーフを書き換えましょう。

コラム1

最初に思ったことを書く

イライラの原因となったできごとに対して、まっ先に、自分はどう思ったのかを書き出す。あまり深く考えず、素直に思ったことをそのまま書く。

コラム2

コアビリーフのゆがみを考える

次に、コラム1から導き出される、自分のコアビリーフを書いていく。自分の考えが、長期的に見てプラスになるのか、マイナスになるのかを考えて判断する。

コラム3

コアビリーフのゆがみを書き換える

コラム2で書いたコアビリーフがマイナスであれば、どう書き換えたらプラスなるかを考える。さらに、書き換えたコアビリーフのなかで、どのような言動をとればよいか考える。

↓

許せる範囲が広がり、イライラが減る!!

コアビリーフのゆがみ❶

権利・欲求・義務を分別する

六つの考え方のくせを知ろう

3コラムテクニックを行ううえで、さらに知っておくと役立つことがあります。それは、怒りを引き起こしやすい**コアビリーフ**にはクセがあるということです。

アンガーログや、**べきログ**をつけていて、気づいた人もいるかもしれませんが、多くの場合、怒るときにはパターンが決まっています。「ついそう考えてしまうからイライラする」といった自分のクセに気づき、それを修正していけば、イライラを減らすことができるのです。

コアビリーフのゆがみは、大きく分けて六つのパターンに分類されます。

「権利」「欲求」「義務」を混同しない

まず一つめは、「**俺様思考**」です。これは、「**権利**」「**欲求**」「**義務**」の三つを混同してしまうことです。これらをごちゃ混ぜにしてしまうと、「自分の思い通りにならなければ怒る」という怒りのパターンが出てきます。

たとえば、「上司の俺に、部下のおまえが意見するとは何事だ！　部下は上司の指示通りに動けばいい」と怒りだす上司がいたとします。これは、上司が部下に「指示通り動いてほしい」という「欲求」です。一方、部下は意見を述べる権利があり、必ず従わなければいけないという義務はありません。しかし、ときには部下は

「権利」「欲求」
「義務」は
別物だよ

【支配欲求】　「相手を思い通りに動かしたい」という願望のこと。ストレスやトラウマを感じたときに、この欲求が刺激されるといわれている。

指示に従わなければいけない義務が、上司には意見を言う権利が生まれます。

自分の要求が受け入れられずイライラしたときは、自分と相手の権利、欲求、義務を整理してみてください。すると、「部下が上司に意見を言うのは悪くない」「部下の話にも耳を貸そう」「指示の出し方を変えてみよう」など、柔軟な発想が生まれてきます。

怒らずに、冷静に対処できることが増えていくのです。

自分の現状を整理しよう

「権利」「欲求」「義務」を混同してしまうと、イライラが発生します。落ち着いて整理をすれば、怒らずに対処できます。

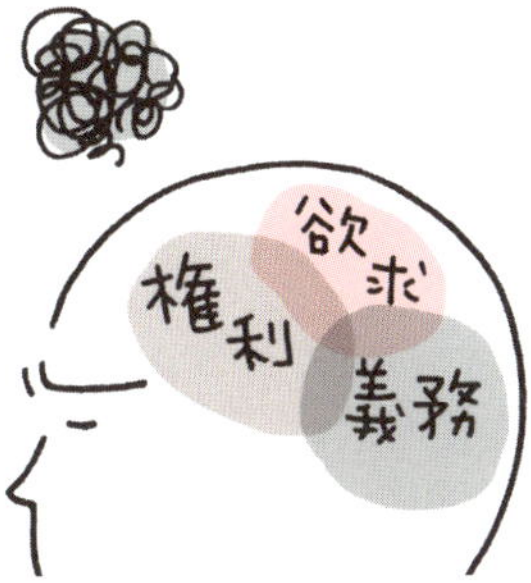

権利、欲求、義務が頭のなかでごちゃまぜになり、処理しきれずにイライラがたまっていく。

自分＼部下	権利	義務	欲求
権利			●いつも指示通りに動いてほしい ●ときには意見を言ってもよい
義務	●リーダーとして部下に指示を出す ●リーダーの指示を聞く		
欲求			

自分と相手の「権利」「欲求」「義務」を整理することができれば、冷静な目で物事を判断することができる。

コアビリーフのゆがみ❷

自分の常識を押しつけない

自分の常識は、みんなの常識？

二つめのゆがみは、「**自分ルール思考**」です。自分や自分の周りで一般的に「**常識**」とか「当たり前」と思われていることが、必ずしも世の中の共通ルールではありません。

「自分の常識はみんなの常識」という尺度で物事をとらえていると、人間関係に余計な誤解や不和を生むことがあります。

たとえば、「今どき、スマホを使うのは当たり前」という**コアビリーフ**をもっている人がいたとします。その人は、ガラケーを使っている友人が気に障って仕方がありません。

「みんなスマホなんだから、おまえもスマホにしろ」「LINE（ライン）のグループに入れないのはおまえだけだぞ」と、自分ルールを友人に押しつけようとします。

しかし、友人が「ガラケーでじゅうぶん」「スマホは使いにくい」と思っているとしたら、二人の仲は悪化するばかりです。

みんなが同じ
常識をもって
いるとは限らない！

自分ルールを書き換えよう

人が「みんなもそう思っている」「そんなの常識」と思っていることは、案外とても狭い範囲の常識でしかないことが多いのです。

たとえば、先ほどのスマホの例もそうです。スマホかガラケーかを選ぶのは個人の自由。「みんなが使っているから、使わなければならない」

【心理的リアクタンス】　他人によって、自分の意見や行動を制限されたり、強制されたりしたときに、自分の意見を変えたくなくなるという心理。

というルールは、どこにもありません。

「みんなもそう」「世の中の常識」「相手が間違っている」という言葉が出たら、自分ルールにとらわれているサインです。

そんなときは、「それは本当に正しいの？」


という観点で、自分ルールに向き合い、コアビリーフを書き換えてみてください。

すると、「必ずしもみんなそうではない」「違う**価値観**や考え方もある」というふうに、異なる意見をもつ人を認められるようになります。

考えを押しつけない

あなたと常識の異なる人が現れても、「そういう人もいるんだな」という気持ちで受け止めましょう。

コアビリーフのゆがみ❸

相手に圧力をかけない

人を変えることは
むずかしいんだ

「圧力」で人は動かない

三つめのコアビリーフのゆがみは「**万能思考**」です。万能思考とはどういうことでしょうか？

こんな状況を思い浮かべてください。

あなたが朝の満員電車に乗っていると、近くにヘッドホンをして音楽を聴いている人がいました。音楽を聴くのはその人の勝手ですが、気になるのは、ヘッドホンからはっきりと聞こえてくる音漏れ。メロディこそわかりませんが、シャカシャカと耳障りなリズムが聞こえてきます。

だんだんイライラしてきたあなたは、「うるさいな。音漏れしているのに気づかないのか」という思いを込めて、ヘッドホンの人をすごい形相でにらみつけます。ところが、相手は音楽に酔いしれているのか、あなたの視線にまったく気づく様子はありません。あいかわらず、シャカシャカというリズムを車内にまき散らしています。これでは、イライラがどんどん増すばかりです。

このように「万能思考」というのは、「相手に圧力をかければ、相手は変わる」と思い込むコアビリーフのゆがみです。

相手を変えようと思わない

「にらめばなんとかなる」「強く言えば思い通りになる」「大きい声を出せば有利にことが進む」と思っている人は、怒りが強くなるほど、怒鳴ったり、語気を強めたりします。

職場でパワハラをする上司も、「強く言えばなんとかなる」という、ゆがんだコアビリーフのもち主といえます。

人を簡単に変えることはできません。「強く言えば変わる」と思い込んでいる人は、「変わらない人もいる」「変えるには、時間がかかる」と気づくことが大切です。相手が変わらないことに腹を立て、さらにきつい言葉で応酬するという悪循環はやめましょう。

強く怒ればよいとは限らない

「圧力をかけたら人は変わる」という考えは捨てましょう。自分を変えるのに時間がかかるように、人を変えるのもむずかしいのです。

コアビリーフのゆがみ❹

できる・できないを分別する

正義感から生まれる怒り

四つめのコアビリーフのゆがみは、「**正義思考**」です。これは、「正義感」という、本来ならよい方向に働くべき心理が、怒りの引き金となるパターンです。

たとえば、次のようなできごとがあったとき、あなたはどう思いますか？

「コンビニの前で若者たちが地べたに座り込んで食べたり飲んだりしていた」

「駐車禁止の場所に、車を止めようとしている人を目撃した」

「整列して電車を待っていたら、いきなり人が割り込んできた」

これらの場面で、ムカッとしたり、注意したりする人は、正義感が強い人です。

しかし、勇気をふり絞って注意したり、怒ったりすると、ケンカやトラブルに発展することが多々あります。思ったような結果にならなかったときは、「正しいことをしているのになぜ？」と、さらにイライラを募らせるでしょう。

できないことは自分でやらない

正義感に突き動かされて、いろんなことに怒ってしまう人は、自分にできること・できないことを分別するようにしましょう。

いくら正しいことでも、裁く権利のない人に人は裁けません。

自分ができることと
できないことを
整理しよう

先ほどの例でも、自分で怒るのではなく、コンビニの店員、警察官、駅員など、しかるべき立場の人から注意してもらえば、トラブルを避けることができます。

「正義思考」のコアビリーフのゆがみを書き換えるには、まず自分ができることとできないことを書き出して整理してみましょう。

できることとしてリストアップしたことは、さらに内容を評価して、重要度が高いもの以外は、封印してしまえば楽になります。

「できる」「できない」を整理して、不要なトラブルを防ぐ

自分が「できること」と「できないこと」の判断ができると、ムダな怒りやトラブルを回避できます。

駐車違反の車を見つけた

↓

警察官に注意してもらう

➡ スムーズに解決

自分がどうにかできることではないと判断し、ことを荒げることなく問題が解決。

自ら注意する

➡ トラブルに発展

「駐車違反はいけない！」という正義感から注意した結果、相手と口論に。

コアビリーフのゆがみ⑤

多方面から考える

白黒はっきりさせたがる

五つめのコアビリーフのゆがみは、「**白黒思考**」です。

コイントスのような白黒思考のゆがみがある人は、コインを投げて、表・裏のどちらが出るかで結論を出すように、物事をきっぱり二つに分けようとします。

あなたの周りにも、「白黒はっきりさせないと気が済まない」という性格の人はいませんか？

「この人は性格がよい、あの人は性格が悪い」
「この店は良心的だ、あの店は悪徳だ」
「こいつは仕事ができる、あいつは仕事ができない」

このように、人は人や物事を、両極端にふり分けたがります。なぜならば、そのほうが自分にとってわかりやすいからです。

きっぱり二つには分けられない

実際には、「善・悪」「敵・味方」「好き・嫌い」などの境界線は、きっぱり二つに分けられないことも多いのです。

「二つに分けられる」と信じ込むと、現実とのズレが生じ、イライラすることも出てきます。

とくに、人の性格は複雑なもので、「いい人・悪い人」と簡単に二つには分けられません。ところが、二つに分けるクセが出ると、「たった1回あいさつを無視された」というような、

他人のよいところ・好きなところを探してみよう！

【認知のゆがみ】 極端なとらえ方しかできないこと。1回の失敗でも必ず失敗すると思い込んだり、すべてをマイナスに考えてしまったりする。

人は白黒つけられない

「嫌いだ」と思う人や物があれば、視点を変えてみてください。好きなところやよいところが、きっとあるはずです。

ちょっとしたきっかけで、相手を「感じの悪い人」と決めつけ、その人の「よい面」を見ようとしなくなります。

このような人は、「人や物事は二つに分けられない」という意識をもつようにしてみてください。物事を一方からではなく「多方面から見る視点」をもつことで、自分の考えが絶対的ではないと気づき、案外許せたりします。「悪い面」が目についたら、「よい面、好きなところ」も見つけてみてください。

【対人魅力】　他人に感じる好意や嫌悪といった感情をさす。外見や性格、環境などの判断材料によって、好意をもったり嫌悪を抱いたりする。

コアビリーフのゆがみ❻

事実と異なる表現をやめる

大げさな表現で感情を強める

最後に、六つめのコアビリーフのゆがみ「**大げさ思考**」を紹介しましょう。

大げさ思考とは、オーバーな表現を使うことで、自分の怒りを正当化しようとするコアビリーフのゆがみです。

人は怒りを感じると、知らず知らずのうちに、感情を強調するような大げさな言葉を使うことがあります。

たとえば、今日のプレゼンについて上司に怒られたあと、「わたしは、まったく評価されない」と同僚にこぼしたとします。このとき、自分が評価されないことへの怒りを、同僚に強く伝えたいために「まったく」という言葉を無意識に使っています。しかしこれは、すべての物事を完全に否定する言葉です。今までのことを思い出してみると、前回のプレゼンや、プレゼン以外の業務では評価されたこともあったのではないでしょうか。

事実をねじ曲げない

このような表現は、日ごろの積み重ねによって使われます。今までにも評価されていないと感じたことが何度かあり、上司に怒られたことでつい「まったく」という事実と異なる表現をしてしまったのかもしれませんね。

このほかにも、「いつも」「絶対」「必ず」など

全否定の言葉は、事実をねじ曲げてしまうんだ

【思い込み】　事実ではない、可能性に過ぎないことを決めつけて考えること。決めつけた考えは、大げさな表現をしてしまう傾向がある。

完全に否定をしない

「いつも自分だけ……」とかわいそうな自分を演出していませんか？長い人生、失敗も成功もあるものです。

オーバーな表現があります。このような言葉を使って、物事を表現しているうちに、「他人は思っていないのに、自分だけがそう思っている」という状況を生み出しかねません。

コアビリーフのゆがみである大げさ思考を正すには、**事実をねじ曲げるような表現は避けることが大切です。**

そのためには、「必ずしも〜」と、本当にそうであったかを確認し、できるだけ正確な表現に書き直す練習をしましょう。

自分と向き合う❶

不安に対処する

不安が強い人ほど怒りっぽい

売り上げがよくないとき「なんでこんなに数字が悪いんだ！」「改善策を考えろ！」などと、部下を責めてしまうことはありませんか？

「なぜこんなに怒ってしまうのか」と怒りの根源を探ってみると、それは「**不安**」から生まれている場合が多いのです。

不安な気持ちが強いと、防衛反応が働き「怒り」という感情になって表れます。つまり、怒りっぽい性格も、もとを正せば、「不安が強い」性格だと言えます。

不安が強いと自分に足りないことや、できないことに目が行きがちです。そうすると、さらに不安が大きくなり、イライラも増します。

怒りは不安から生まれるんだ

不安をマネジメントする

怒りやすい人は、怒りをマネジメントする前に「不安をマネジメントする」という視点をもつようにしてみましょう。

前述のような人は、「売り上げを出さなければ降格されるかもしれない」という不安があるのかもしれません。しかし「怒りは不安から生まれる」と理解しておけば、「売り上げは、やり方次第で挽回できる。いつまでも不安になるのはよくない」と気持ちを落ち着かせて、改善策を考えることに集中できます。「不安と向き合う」ということが「怒りの対処法」になるのです。

【不安ログチャート】　不安なことや心配ごとを書き出し、チャート化させてその気持ちが大切か大切でないか、変えられるか変えられないかを整理するアンガーマネジメントのテクニック。

不安が強いと怒りも強くなる

怒りは、不安が原因となっていることもあります。不安な気持ちが強いほど、怒りやすくなるのです。

不安の強さで考え方が変わる

同じコップ半分の水を見ても、不安が強くない人は余裕があるが、不安が強い人は焦りでいっぱいに。この、「どうしよう」という気持ちがたまって、怒りが生まれる（▶ P.52）。

不安と向き合い、怒りを減らす

怒りの原因である不安を消すことができれば、イライラはずいぶん少なくなります。不安な気持ちに向き合い、「きっと大丈夫！」と気持ちをなだめるようにしましょう。

自分と向き合う❷

完璧主義にならない

完璧主義の落とし穴

怒りには、期待と現実の**ギャップ**の大きさが原因になるものもあります。

その典型的な例として挙げられるのが、「**完璧主義**」といわれる人たちです。このタイプは、自分の気が済むまで物事を追求するため、「このプロジェクトは絶対にミスができない」「自分が納得するまで何度でもやり直す」など、自分に課すハードルが高くなりがちです。

これは、仕事をするうえではすばらしい能力ですが、同時に自分を追い詰めることにもなりかねません。「自分なら必ずできる」という思いが強すぎると、できなかったときにイラ立ちや絶望感をもってしまうからです。この「完璧」というハードルは、自分のコアビリーフによって生み出された思い込み。もし、目標を目指すあまりに怒りを感じたり、できないことへのイラ立ちを感じたりしたら、ハードルが高すぎるのかもしれません。肩の力を抜き、あなたのなかにある完璧を捨ててしまいましょう。

「欲しい」という勘違い

同じように、自分の欲望が満たされなかったときに生じる怒りもあります。

欲しいと思っていた高級車が手に入らずに、イライラしたとします。それでは、なぜ欲しくなったのでしょうか。

【フラストレーション】 叶えたい欲求や目標などが、なにかに阻まれて叶わない状態をさす。フラストレーションの高まりが、攻撃的な行動のきっかけになることも。

「高級車に乗っていると、ステータスになる」。そう考えていたとしたら、それは思い込みかもしれません。本当は欲しいと思っていないのに、「ステータスがあると成功の証になる」「成功の証があると幸せになる」と思っていると、それは余計なイライラを生む原因となります。

手に入れられずにイライラするのであれば、目先のことでなく、本当に欲しいものを限定してください。自分の欲望のマネジメントが、怒りのマネジメントにもつながるのです。

人はだれしも「完璧」ではない

目標を高くしたり、望みを高くもちすぎると、それが叶わないときイライラしてしまいます。すべてパーフェクトを求める必要はありません。

完璧を求めすぎない

早起きをする、お客さんのクレーム処理をするなど、小さなできごとも「成功」と思うようにする。「できて当たり前」をなくすと、自分へのイライラが減る。

完璧を求めすぎる

「なんでできないんだ」「こんなはずじゃない」と自信を失ったり、自分にイライラしたりと、怒りの悪循環（▶ P.114）にはまってしまう。

【ステータス】 社会的地位のこと。ステータスの高さを気にすることがコンプレックスにつながり、怒りを生み出す原因にもなる。

自分と向き合う③

ポジティブな感情を増やす

マイナスなことばかり考えてはダメ！

ネガティブな感情にとらわれない

日常生活でうまくいかないことが続くと、**ネガティブ**な感情をもちやすくなります。ネガティブな感情にとらわれると、気持ちが滅入り、怒りのコントロールもむずかしくなります。

とはいえ、ネガティブな感情をすべて打ち消すのは不可能です。このようなときは、ネガティブな感情を消すよりも、ポジティブな感情を増やす方法を考えてみましょう。

まずは、あなたがポジティブでいられることを書き出してみてください。

「どんなとき」「何をしているとき」に気分が前向きになるかをイメージするのがポイントです。漠然と「のんびりする」というのではなく、「お気に入りの海辺のカフェで、親友とケーキセットを食べながらおしゃべりする」など、映像が頭のなかに浮かぶぐらい具体的にイメージしましょう。考えるだけでも気分転換になりますが、具体的なほど、実現性も高くなります。

発想や言葉の変換をしてみよう

また、ネガティブな状況は、ポジティブな意見に変換することもできます。

アメリカの人気歌手、ブリトニー・スピアーズにこんなエピソードがあります。彼女は、大人気オーディション番組の審査員に抜擢されました。ところが、世間から「審査センスがまっ

【セルフトーク】 自分で自分を表現する言葉。「わたしはおおらか」「わたしは指導力がある」などポジティブなセルフトークを言えば、理想の自分に近づくことができる。

たくない」という批判の声があがったのです。

ブリトニーは、批判の声を否定せず「はじめての仕事だからいろいろある」と受け止めたうえで、「だからこそ、この仕事に魅力を感じて引き受けたの」と、前向きな意見を語ったのです。

このように、思い通りにならないことが起こっても、たいていのできごとはポジティブにとらえ直すことができます。頭のなかでネガティブな感情や言葉を受け止め、「ポジティブ変換」する習慣を心がけてください。

ポジティブな感情に目を向ける

ネガティブな感情を消すことができないのなら、ポジティブな感情を増やすようにしてください。だんだん怒りが鎮まっていきます。

❶ 楽しいことを具体的にイメージする

イラッとしたら、自分がポジティブになれる場面を想像する。このとき、漠然としたものではなく、具体的にイメージした方がより効果的。

❷ 原動力や気づきに変える

イラッとするできごとは、視点を変えてとらえてみる。批判的な意見や思い通りにいかないことは、原動力や気づきに変えてしまえばよい。

【ハッピーログ】　イライラが多い日に、今日起きたよいことを書き出す方法。小さなことでも書き出すことで、よいことに目が向くようになる。

自分と向き合う④

どうしようもない怒りは手放す

怒りは忘れるが勝ち

怒りのせいで損をしてしまうのは、常にイライラして怒りっぽい人だけでなく、怒りを長い間引きずって前に進めない人も同じです。

怒りというマイナスの感情にとらわれると、自分の周りにあるよい出会いや幸運に気づかず、人生を棒にふってしまうことがあります。

わたしたちは、長い人生の間に多くの人に出会い、さまざまな経験をします。そのなかには、ひどく自分を傷つける人と関わることや、仕事の失敗、失恋など、悲しみや怒りに幾度となく悩まされることもあるでしょう。

しかし、つらい経験にいつまでもとらわれていては、この先の人生がもったいないのです。「怒りは忘れるが勝ち」です。「見返したい」「恨みを晴らしたい」と、**思い出し怒り**ばかり繰り返している間に、人生の大事な時間が過ぎてしまいます。

できるだけ早くふんぎりをつけて、前を向かなくてはいけません。

いつまでも
イライラしてたら、
人生の損！

手放す勇気をもとう

残念ながら、過去の怒りは思い出そうと思えば、いつまでも思い出せます。また、たちの悪いことに、年月が経つにつれ、怒りや恨みはどんどん大きくなってしまいます。

思い出せば不快な気持ちになるのをわかって

【思い出し怒り】 過去に感じた怒りを、思い出してイライラしてしまうこと。愚痴や悪口により引き起こしてしまう。

いながら、なぜ怒りの記憶を掘り返してしまうのでしょうか。思い出しては愚痴を言うたびに、一時的にすっきりするのかもしれません。しかし、それでは何も解決はしないのです。

このような怒りにとらわれたときは、その怒りがあなたの人生を幸せにするものかどうか、考えてみてください。

きっと答えは、NOです。どこかで、怒りを手放す勇気をもちましょう。人生には、楽しいことがたくさんあるのです。

怒りで人生をムダにしない

怒りの感情の扱い方によって、人生は大きく左右されます。どうせなら、自分が幸せになれる選択をしましょう。

怒りにとらわれる人

絶対に許せない
見返してやりたい
不幸になればいいのに
恨みを晴らしてやる
イライラ

思い出し怒りをしても、過去は変えられないもの。いつまでも怒りの感情にとらわれていては、不幸が不幸を呼ぶばかりで、人生をムダにしてしまう。

怒りにとらわれない人

怒り
怒り

イラッとすることがあっても、「運が悪かったな」と気持ちを切り替えること。過去にとらわれず、前に進むことで先の人生が明るくなる。

自分と向き合う⑤

他人の評価を気にしない

決められないから他人の評価が気になる

あなたは、恋人へのプレゼントや食事をする店を決めるときに、商品や店のレビューを参考にしているでしょうか？　レビューは、自分以外のだれかの価値観によって評価されたものです。**他人の評価**を参考にすることは決して悪いことではありません。しかし、慣れすぎてしまうことには問題があります。

なぜかというと、そこには自分の意思や価値観が反映されていないからです。

自分の価値観に自信がないと、他人の評価に身をゆだねてしまいます。そして、それを繰り返すうちに、一人で決めることができなくなり、決断することがストレスになります。

何ごとも一人で決断する

仕事はもちろん、プライベートでも毎日のように小さな決断を迫られます。そのすべてに他人の評価をもち出すことはできません。

それを回避するためには、他人の評価に左右されないこと。自分の価値観を大切にして、一人で決断することに慣れましょう。

そして、その決断を後悔しないように、自分の譲れないことを決めましょう（▼P.142）。

自分のなかにこれと決めたことがあれば、それは自分の判断・価値観に自信をもつことにつながります。

人は人、
あなたはあなた
なんです！

【同調行動】　周囲と同じように行動すること。周りと同じであれば安心するという心理が現れた行動ともいえる。

他人の評価に左右されない

レビューは、何者かわからない他人の評価です。すべてを鵜呑みにしてしまえば、自分の価値観が埋もれてしまいます。

Review

★★☆☆☆ 2.4 期待していたけれど、思ったほどではありませんでした。

★★★★☆ 4.3 この店のピザが絶品! また来たいと思いました!

自分の価値観を優先する

判断をするときの優先順位は、他人の価値観より自分の価値観のほうが上です。判断をするうえで、どうしても他人の価値観を参考にするならば、WEB上のだれだかわからない人より、身近にいる信頼できる人の価値観を参考にしましょう。

【普遍感】 多数の価値観に従っていれば安心するという心理。責任感が薄れ、「同じことをしているから悪いことではない」と思ってしまう。

自分と
向き合う⑥

怒りやすい自分を認める

怒った自分を責めない

怒りをコントロールするトレーニングをはじめると、多くの人は壁にぶつかります。

それは、「怒りのマネジメント方法を理解したはずなのに、うまく怒りをコントロールできない自分にイラ立つ」時期が来るからです。

そんなとき、「なぜ、怒りをおさえられなかったのだろう」「やっぱり怒ってしまった」と、できない自分に怒りを覚える人がいます。

怒らないためのテクニックを習得しようというのに、そこで怒ってしまうのはナンセンスです。たとえ、怒りがうまくコントロールできなくても、自分を責めてはいけません。

怒った自分を受け入れる

わたしたちには何ひとつムダな感情はありません。「怒り」も人間のごくしぜんな感情です。

怒りをだれかにぶつけたり、その思いを引きずることがよくないだけで、怒りそのものを成功するための**モチベーション**に変換すればよいのです（▼P.116）。

怒りっぽい自分を否定してイライラするのは、怒りの悪循環を引き起こすだけ。怒りの感情をマネジメントするうえで大事なことは、「イライラしがちな自分も認める」ということです。

そのうえで、焦らずにゆっくり怒りとつき合っていけばよいのです。

怒りそのものは、
悪い感情では
ないんだ

【自尊心】 自分の欠点や弱さを否定せず、それを含めて自分の価値だと肯定すること。心理学用語では「自尊感情」ともいう。

怒りやすい性格は焦らずに変えていく

「怒り」というと、ネガティブにとらえられがちですが、対処の仕方によって、ポジティブなエネルギーにもなります。

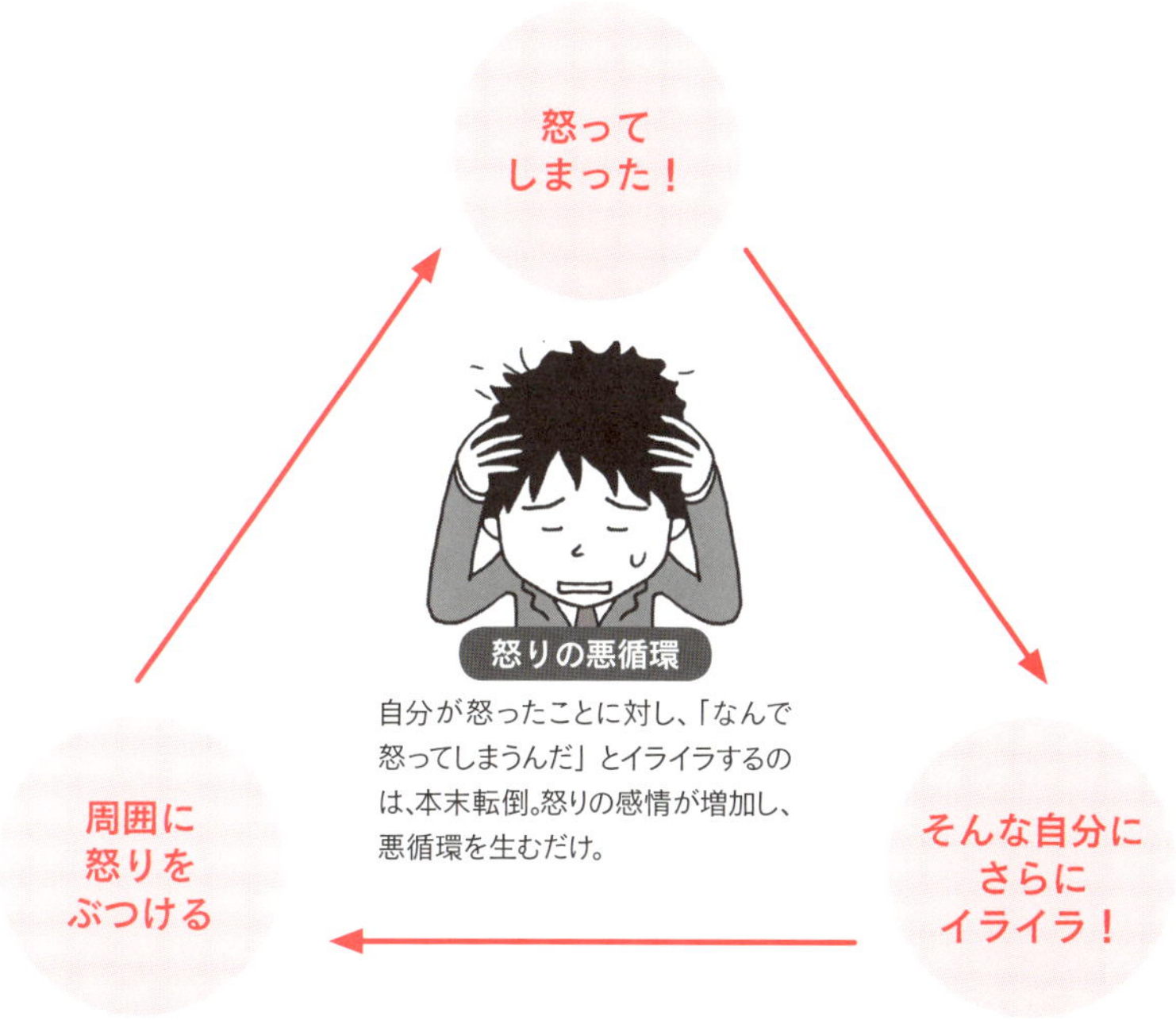
怒ってしまった！
そんな自分にさらにイライラ！
周囲に怒りをぶつける

怒りの悪循環

自分が怒ったことに対し、「なんで怒ってしまうんだ」とイライラするのは、本末転倒。怒りの感情が増加し、悪循環を生むだけ。

怒った自分を責めない！

怒りっぽい自分を批判するのではなく、怒りやすい性格なんだと受け入れましょう。そこから、自分がどうして怒るのか考え、改善していけばよいのです。

怒る自分を認めることもアンガーマネジメントなんだ

自分と向き合う⑦

怒りを闘志に変える

怒りの感情にふり回されない

みなさんは「史上最高のテニス選手」とも称される、スイスのロジャー・フェデラー選手をご存じでしょうか。

彼は若いころ、大変怒りっぽい性格でした。試合中にイライラして勝てない日々が続き、悔しく腹立たしい思いに悶々としていました。自分自身の怒りにふり回され、「**怒りの奴隷**」になっていたのです。当時の彼は、どんなに才能があっても、怒りのせいで実力を発揮できていませんでした。

その後、フェデラー選手はメンタルトレーニングにアンガーマネジメントを取り入れ、「怒りの奴隷」ではなくなりました。そして、みごとに世界ランク1位の座についたのです。

とくにアメリカでは、さまざまなスポーツの一流選手たちが、アンガーマネジメントを積極的に取り入れています。

せっかくの才能も怒りによって台なしになるということが、すでに多くのアスリートに認識されています。怒りの奴隷にならず、自分自身で怒りをコントロールできる人こそ、夢や目標を実現できると考えられているのです。

怒りを
コントロール
できるように
なろう！

自分を成長させられる

2限で、「怒りはエネルギーに変えられる性質がある」ことを紹介しました。

フェデラー選手は怒りと上手につき合い、プラス面の性質を引き出すことができました。プラスの性質に変換するためには、怒りを「**闘志**」に変えて**モチベーション**を上げる必要があります。イライラしすぎると集中力が乱れてしまいますが、**適度な怒り**をもつ＝闘志を燃やすことで、イライラしながらも集中力を高めることができます。

自分次第で怒りは力になる

「自分なんかだめだ」「あいつのせいだ」と怒ることによってパフォーマンスを低下させるか、「現状を変えよう」「あの人に負けたくないからがんばろう」と怒りでパフォーマンスを高められるかは、あなた次第です。

イライラしやすい自分を認めたら、どうやって自分のモチベーションにするかを考えてみてください。そして、あなたをより成長させる大きなパワーに変えてください。

怒りを闘志に変えるステップ

アスリートだけでなく、一般人でも仕事やプライベートのなかで、パフォーマンスや作業効率をアップさせて、自分を成長させることができます。

	会社員の場合	アスリートの場合
怒り	・プレゼンがうまくいかなくて、上司に怒鳴られた ・同僚が昇格した	・試合、ライバルに負けて悔しい ・結果が出せなくて自分が憎い
	↓	↓
闘志	・上司を見返したいから、次のプレゼンは成功させよう！ ・認められるように、営業トップを目指そう！	・ライバル負けたくないから、次に向けてがんばろう！ ・1位を取りたいから、集中してのぞもう！

怒りがモチベーションとなり、自分が成長する

【モチベーション】　動機づけをさす。行動を起こすきっかけである「動機」に対して、行動を継続させるための働きを「動機づけ」という。

自分と
向き合う❽

理想のストーリーを考える

目標がはっきりしている人は、ムダに怒らない！

目標達成までのプロセスを決める

「営業成績を上げたい」「出世したい」「給料のいい会社に転職したい」など。やりたいことや叶えたい夢がうまくいかず、イライラしている人は、「**未来シナリオ**」を書いてみましょう。

　未来シナリオは、あなたの夢や目標を実現するまでのサクセスストーリーです。

　いつまでにどんな目標を達成し、ゴールはどこなのかを自分自身で決め、シートに書き込んでいきます。そうすると、今まで漠然としていた目標達成までのプロセスがはっきりと見えてきます。つまり、今、自分が何をすればいいかがわかるようになるのです。

未来へのモチベーション

　未来シナリオの目標は、できるだけ具体的に書いてください。ただし、あまりにも高い目標を立ててしまうと挫折する恐れがあります。今の自分の現状を踏まえ、自分が努力すれば達成できる目標を設定することがポイントです。

　たとえば、現在、「営業成績が伸びず同期で契約件数が最下位」ならば「3カ月後に契約件数を2倍にし、最下位から抜け出す」といった目標と合わせて、営業先の開拓方法などのアイデアも書いておくとすぐに行動に移せます。

　さあ、未来シナリオを書いて、目標達成への**モチベーション**を上げていきましょう。

【自己効力感】　自分はできると確信する感覚のこと。自己効力感が低いと、ネガティブに考えてしまうといわれている。

自分のサクセスストーリーをつくってみよう

「将来はこうなりたい」という自分の目標達成までの道のりを書きます。まず自分の目標を決め、そこまでのプロセスを具体的に考えていきます。

業績トップまでのプロセス

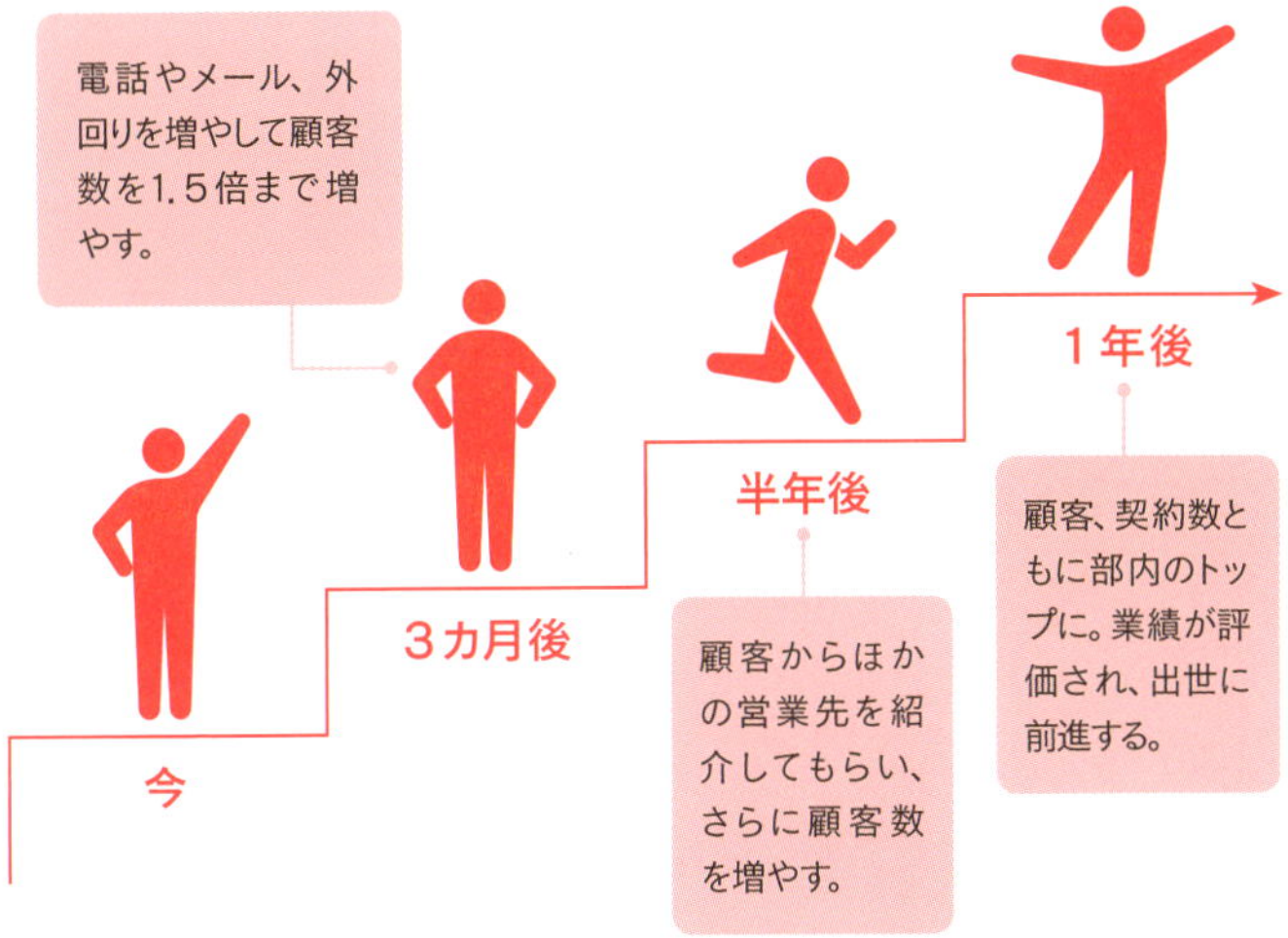
電話やメール、外回りを増やして顧客数を1.5倍まで増やす。
今
3カ月後
半年後
顧客からほかの営業先を紹介してもらい、さらに顧客数を増やす。
1年後
顧客、契約数ともに部内のトップに。業績が評価され、出世に前進する。

目標が明確になり、モチベーションが上がる！

サクセスストーリーを書くことは、自分自身のモチベーションを高めてくれます。また、目標達成までに何をすればよいかが具体的にわかることで、成功の妨げになるようなムダな怒りはなくなります。

【達成体験】 自分で行動した結果、なにかを成し遂げたという達成感を得たこと。

休み時間

会社員が使ってしまう怒りの言葉トップ10

ビジネスシーンで使う、怒りの言葉にはどんなものがあるでしょうか。
つい口に出してしまった言葉だったとしても、
それは人間関係を破たんさせてしまう原因になりえます。

日本アンガーマネジメント協会が行った、職場での怒りに関するアンケート調査（社会人408人対象）によると、口に出したことがある最大級の怒りの言葉の第1位は、「死ね！」「死ねばいいのに」でした。驚くことに、過激な言葉が一番使われているようです。

怒りをコントロールするためには、怒りに対処し、適切な言葉で伝えることが重要です。

また、「意味が分からない」という言葉を使う人は、怒りの強さを誤解しているのかもしれません。怒りのレベルを明確にして、自分の怒りの強さを把握しましょう（▶P.182）。

「ビジネスの場で、つい口に出したことがある（つぶやいてしまう）最大級の怒りの言葉は？」（10位以下切り捨て）

	最大級の怒りの言葉
1位	「死ね！」「死ねばいいのに」（32人）
2位	「バカ！」「バカやろう！」（25人）
3位	「ふざけるな」「ふざけんじゃないよ」（23人）
4位	「いい加減にしろ！」「いい加減にして」（22人）
5位	「辞めてしまえ！」「消えてほしい」（15人）
6位	「何を考えているんだ！」「ちゃんと考えてるの？」（11人）
7位	「ムカつく！」「イラつく！」（9人）
8位	「使えない！」「役立たず」（8人）
	「ちゃんとしろ！」（8人）
10位	「もう二度と付き合わない！」（7人）
	「なんで？」「理解できない」「意味が分からない」（7人）

（一般社団法人 日本アンガーマネジメント協会調べ）

BASIC ELEMENT IN ANGER MANAGEMENT

4限 怒らない環境をつくろう

自分を取り巻く
環境を整えて
ムダな怒りを
減らしていこう！

introduction ④

怒らない環境をつくろう

怒鳴らなくはなったけど、ピリピリしているよねー
仕事のことも聞きにくいしなあ
ピリピリ
ピリ
ピリ
ガーン
まあ
まあ
頭ではわかってるんだけど、どうしたらいいかわからないいんだよな~
シュサッ
カッ
ひいっ
スッ
なになに……「怒らない環境をつくるべし」？

無駄な怒りを生み出さないように環境を整えるってことだよ
先生!?
イカリくん、仕事の調子はどう？
スッ
うお〜〜
じつは、ここのところ残業が多くて……
体調もあまりよくないんです……
怒りの原因はそれだね
ストレスや体調不良は、怒りに大いに関係しているんだ
ふだんからストレスを解消したり、健康に気をつけたりすれば、無用な怒りも生まれなくなるんだよ
大丈夫？
ゲッソリ
で、でも、先生……どうしようもないこともあって……
ピリ
ピリ
あのー、部長お聞きしたいことがあるのですが……

← 怒らない環境づくりを学ぼう！

実践
自分の変え方 ①

怒らない日をつくる

怒らない人には怒らないという心理

人間は、他人から何かをしてもらうと、お返しをしたくなるという心理が働きます。これは、心理学用語で「**返報性《へんぽうせい》の法則**」といわれるもの。

この心理は、怒りにも置き換えられます。つまり、「怒らない人には怒らない」。相手の主張を受け入れる態勢をとれば、相手も受け入れる態勢をとってくれるのです。

このことを実証するための簡単な方法があります。それは、一日だけ、何があっても怒らない日をつくること。怒ってはいけないということでなく、怒りを表に出さないということで、「**24時間アクトカーム**」といいます。

怒らない自分に対して周りの反応は？

怒らない日は、あまり忙しくない日を選びましょう。朝起きたら「今日は一日怒らないぞ」と自分に言い聞かせましょう。その日一日を過ごしている間に、会社や自宅でどんなに腹立たしいことがあっても、怒りを表に出さないようにしましょう。

あなたの態度が変われば、上司や部下、同僚、家族もいつもと違う反応を示すということが実感できるはずです。

自分が変われば、周りも変わる。怒らないことは、結局、自分の心地よさにつながるのです。さっそく試してみてくださいね。

【公的自己意識】 他人からどう見られているか意識すること。他人の反応を意識する感情で、自分の対人行動に影響を与えるといわれる。

相手の怒りに巻き込まれない

相手が怒りや不満を感じているとき、それに巻き込まれてしまうと、こちらまでイライラしてしまいます。まずは、受け入れ態勢を整えましょう。

怒りを怒りで返す

声を荒げて叱責したり、イライラした態度をとったりしては、火に油を注いでしまう。

怒りを受け入れる

怒りを感じても、相手の不満や怒りを受け入れれば、しぜんとお互いが冷静になる。

怒らない日の過ごし方

怒らない日をつくることは、怒りっぽいと感じている人にとって、とくに効果的です。年に数日取り入れてみるとよいでしょう。

❶「怒らないぞ！」と決める。
❷ 表面的には、穏やかに過ごす。
❸ 腹立たしいことがあったら、「今日はチャレンジだ」と言い聞かせる。

↓

一日の終わりに、怒らない自分に対して周囲がどういう反応をしたかをふり返ろう。

実践
自分の変え方
❷

機嫌がよいときの自分を演じる

気分に左右されない自分をつくる

機嫌がよいときのあなたは絶好調です。ささいなことは気にならず、仕事も調子よく進みます。会社の同僚には笑顔であいさつし、不機嫌な上司を見ても「大変だなあ」などと思えるでしょう。

一方で、機嫌が悪いときには、いつもは気にならないことが気になり、仕事もうまく進みません。そしてだれを見てもイライラします。

そんなときは、ご機嫌な自分を演じてみてください。機嫌がよいときの表情や行動をあえて行うテクニックです。実践するためには、あらかじめ機嫌がよいとき・悪いときのふるまいをリストアップしておきましょう。気がつけば、本当の「ご機嫌な自分」に近づいているはずです。

あなたが変われば、周りも変わる

わたしたちは、人の表情から多くのことを読み取ります。眉間にしわを寄せた不機嫌なあなたに、近寄りたい人はいません。しかし、あなたがご機嫌な自分を演じれば、しぜんと周囲の反応もやわらかいものに変わるはずです。

怒りを感じていても笑顔でいたり、大きな声であいさつをしたりして、自分の行動を少しだけ変えてみてください。そのことが、あなたを本当の「ご機嫌」な状態に変えていく相乗効果を発揮するのです。

機嫌が
よいときの自分を
ふり返ろう

【印象操作】 相手からよい印象をもってもらえるよう、自分の印象を操作すること。行動やしぐさ、表情、身だしなみなど、あらゆる面から演出する。

機嫌がよいときと悪いときの自分を比較する

機嫌がよいとき・悪いときのしぐさや行動を把握していれば、機嫌が悪いときにどう過ごしたらよいかがおのずと見えてきます。

機嫌がよいときの行動パターン例

・つねに笑顔でいられる
・口調が穏やかになる
・冗談を言う
・積極的に意見を言える
・ボディランゲージが大きくなる
・よい結果をイメージできる
・ちょっとした失敗も許せる

機嫌が悪いときの行動パターン例

・眉間にしわが寄る
・物に当たってしまう
・怒りがおさまるまで話さなくなる
・舌打ちをしてしまう
・貧乏ゆすりをしてしまう
・失敗することばかり考えてしまう
・大きなため息をついてしまう

【顔面フィードバック説】 悲しいと感じているときに、笑顔をつくることで気持ちを明るくすることができるという考え方。

実践
自分の変え方③

できるだけ愚痴を言わない

愚痴は怒りを定着させ、増幅させる

「愚痴を言うのがストレス解消」という人がいるなら、あまりおすすめはできません。

たとえば、あなたの仕事に先輩がちょくちょく口を出してきたとします。悪意のあるものではありませんが、うっとうしく感じました。仕事帰りに、あなたは同僚に愚痴を言います。すると、脳内で先輩が口を出してきた記憶を追体験し、再びうっとうしさを味わいます。愚痴を繰り返すうちに怒りの記憶が染みつき、先輩のささいな言動さえ気になりはじめるでしょう。

愚痴は、怒りの記憶を定着させるだけでなく、時間とともに、怒りを増幅させてしまうのです。

上塗りされる「思い出し怒り」

愚痴というのは、過去のイヤな記憶を引っ張り出し、怒りの火にわざわざガソリンを注ぐ行為。いわば、**思い出し怒り**です。

さらには、事実を歪ませてしまう恐れもあります。怒りの記憶を繰り返し再生するうちに、少しずつ細部が変わり、当初とはまったく違うものに改変されることもあります。思い出し怒りは、記憶を悪いほうへと上書きしてしまうのです。

どうしても愚痴を言いたければ、「5分だけ」と時間を区切るようにして、きっぱり終わりにしましょう。

愚痴は、
怒りを思い出す
きっかけなんだ

怒りを思い出す記憶のスペースを埋める

愚痴を言ってしまうのは、記憶のスペースに余裕があるからです。趣味や好きなものを思い出して記憶のスペースを埋めると、愚痴も出にくくなるでしょう。

愚痴を言う⇒怒りの記憶を思い出す

怒りを感じたできごとを思い出すスペースがあると、つい愚痴を言ってしまう。

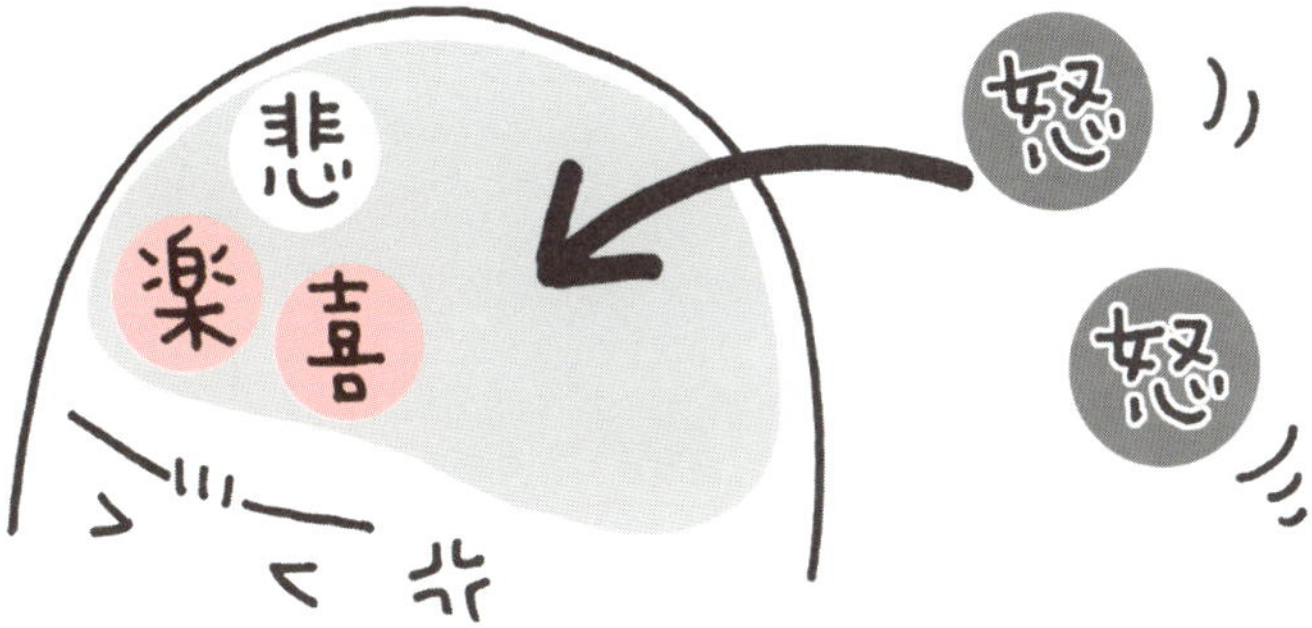

怒りの記憶を別の記憶に置き換える

怒りを感じたできごとを思い出すスペースを、別のできごとの思い出で埋め、それを話題にする。

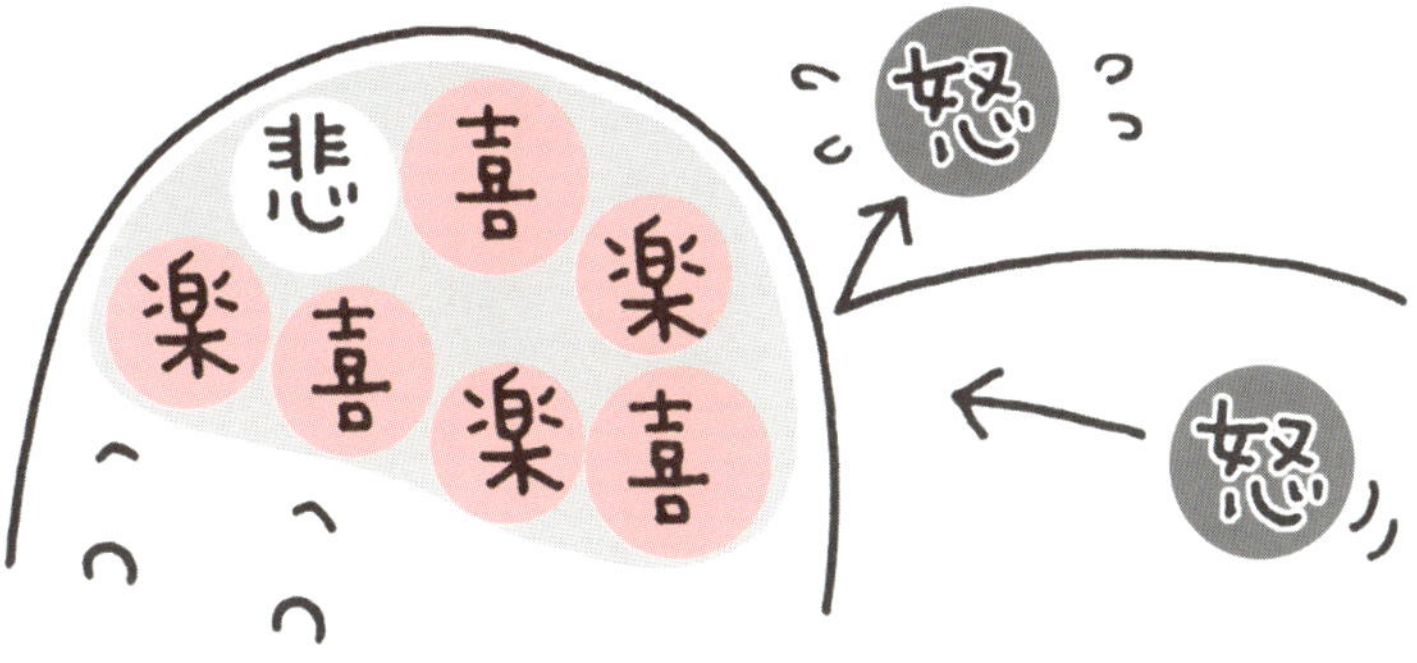

実践
自分の変え方
④

イライラが集まる場所に行かない

自分の「怒りのパターン」を知る

　怒りをコントロールする方法のひとつとして、「怒りのパターン」を知ることが大切と話しました（▼P.92）。自分が怒りを感じたできごとの記録を読み返してみると、自分の怒りの法則に気づきます。

　そのなかから「**イライラしやすい場所**」をピックアップしてみましょう。たとえば、休日のショッピングセンターの人ごみや、気が合わない人が来る集まり、通勤ラッシュ時の満員電車などは避けるようにします。

　仕事が関わっている場合は避けることがむずかしいですが、可能な限り接触を避けるだけでストレスは軽減されます。

悪口大会や愚痴大会は回避！

　イライラしやすい場所のなかでも、もっとも避けたいのは怒りが充満する「悪口大会」や「愚痴大会」です。

　怒りは、**伝染**しやすいという性質をもっています（▼P.64）。仲間外れや嫌われることを気にして無理に参加したとしても、周囲からの怒りのエネルギーをまともに受け、疲れ果ててしまいます。無理をして、そんな場所に身を置く必要はありません。愚痴や悪口がはじまったらその場を去り、愚痴大会になりそうな飲み会などは、きっぱり断りましょう。

怒りは
伝染するもの
なのです！

【クラウディング】　人口が密集することで生じるネガティブな感情、不快感をさす。

伝染する怒りに近づかない

アンガーログに記録した場所や集まりには、無理に参加せず、避けられるものは避けたほうが得策です。

怒りが集まる場所に行く

とくになにも感じていなかったとしても、周りの怒りに感化されて、だんだんと怒りを感じる。そこで伝染した怒りは、あなたの身近なだれかに伝染する可能性も。

怒りが集まる場所を避ける

怒りが充満する場所は、なるべく避けて。わざわざ怒りを伝染させられにいく必要はない。不要な怒りを避けるのは、怒りをコントロールするためのきほん。

実践
自分の変え方
⑤

日常の不便さに慣れる

不便に慣れる練習をする

LINE（ライン）の既読表示は、相手が読んだことがわかる便利な機能です。しかし、「既読なのに返事がない」と、イライラした経験はありませんか？　ほかにも、お金をおろしたいのにコンビニが見つからない、駅で大きな荷物を持っているときにエレベーターが見つからないといった状況でイライラ……。**便利になればなるほど、我慢することが下手になるものです。**

テクノロジーの進化は、世の中を便利にした反面、怒りの原因を増やしてしまいました。

そこで、行いたいのが不便に慣れる練習です。たとえば、携帯電話を持たずに過ごすこと。**「絶対に無理！」と思うなら、それは依存です。**依存の怖さは、それがないとダメだと思い込んでしまうところなのです。

依存から解放されよう

携帯電話を持っていないのであれば、地図や路線図、新聞、雑誌、腕時計、公衆電話など、携帯電話の機能を代替できるものはいくらでもあります。

もし、携帯電話が見つからずにイライラしたとき、忘れて外出して不安になったときは、**「なくてもかまわない」「ほかのもので大丈夫」と口に出してみてください。**依存から離れるための魔法の言葉です。

携帯電話を
持たずに
過ごそう

【依存】 他人や物事、組織に援助や支援、保護、世話を求め、それがなくてはならない状態。過度な依存は、行為や思考をコントロールする際の障害となる。

依存は気持ちの余裕をなくす

便利さは、怒りを招く原因ともいえます。それがなかったときに、どう過ごしていたかを思い出してみてください。

携帯電話・スマホを忘れる

「絶対ないとダメだ！」

「なくてもいいか」

依存して不安になる

楽観的に考えて心に余裕をもてる

イライラしない人は持ち物が少ない

持ち物の量は、不安の大きさ。たとえば、旅行のとき、必要以上に荷物を詰め込んでしまう人は、「万が一」と不安を感じているのでしょう。不安は、怒りを感じる前に発生する第一次感情。不安が大きければ、その分、怒りを感じる機会も増えるのです（▶P.104）。不安と上手に向き合えれば、しぜんと持ち物が少なくなります。まずは、財布に必要なものだけを入れることからはじめてみましょう。

【共依存】 互いに依存している状態で、よい関係でも悪い関係でも起こりえる。

実践
自分の変え方
⑥

健康に気をつかう

体調不良は、怒りのもとになる

近所の家のピアノの音、保育園で遊ぶ子どもたちの声、隣のデスクで同僚が叩くキーボードの音……。

ふだんは気にならないのに、疲れているときには無性にイライラしてしまうもの。疲れだけでなく、発熱や頭痛があるとき、けがをしたときも、ふだんと同じように生活できない状況にイライラすることでしょう。

人間を含む動物にとって、怒りは**防衛反応**のひとつ。そのため、体が弱っているときには過剰にセンサーが働き、怒りの感情が生まれやすくなっています。

イライラのリスクを減らすためにできることは、体調を管理すること。イライラしやすくなっていると感じたら、意識的に体を休めるようにしましょう。

体調を整えることで、怒りとも向き合えるんだ

何がきっかけで体調が悪くなるのか

体調不良となる原因を避けることも、体調管理の一つ。体調不良になったとき、なにが原因だったかを分析してみてください。睡眠時間が3時間以下だった、偏った食生活をしていた、クーラーをつけたまま寝たといったように、思い当たるできごとがあるはずです。原因がわかったらできる範囲で対策を練り、体調不良のきっかけを減らしましょう。

【セルフケア】 自分の健康を管理・維持することで、身体的な健康はもちろん、精神的な健康も含まれる。

体調管理＝怒りの管理

怒りは、精神的な要因だけでなく、身体的な問題から起こることがあります。体調をコントロールすることで、怒りも同時にコントロールできるのです。

体調が悪いときの怒りの原因

のどが痛い
判断力の低下
寝不足
仕事がうまく進まない

体調管理をして、イライラのリスクを減らす

体調管理のチェック

- □ 睡眠時間は、十分にとれているか
- □ 睡眠が浅くないか
- □ 起きたときに、体がだるくないか
- □ 体重の大幅な増減はないか
- □ 体に痛い箇所、違和感がある箇所はないか
- □ 肌は荒れていないか
- □ 食欲はあるか

実践
自分の変え方
⑦

ストレスを発散する習慣をつける

日ごろからストレスを解消する

気がつくと、つい反芻《はんすう》してしまうしつこい怒りには、気分転換メニューを用意し、状況に応じて気分転換をすると気持ちが落ち着き、怒りを忘れられます（▼P.42）。

しかし、それだけではすぐにまた怒りが戻ってきてしまうようなら、気分転換だけでなく、日ごろからストレスを発散する習慣をつくることをおすすめします。

たとえば、ジョギングやウォーキング、水泳、サイクリングなどの軽い運動は、脳からセロトニンなどの物質を生み出し、ストレスを緩和してくれます。

中毒性の高い発散方法はNG

ほかにも、「カラオケに行って30分から1時間程度好きな曲だけを歌う」「気分が盛り上がる映画をタブレット端末に入れておいて、元気がほしいときに観る」といったように、自分なりのストレス発散方法を見つけましょう。

不要なものを処分すると気持ちがすっきりするので、掃除も有効です。

ただし、**中毒性**のあるものは厳禁。ダラダラと続けることで、疲れがたまってしまいます。依存してしまうこともあり（▼P.134）、余計に怒りを感じてしまうこともあるので注意が必要です。

ストレス発散で、
怒りを
シャットアウト

【セロトニン】　三大神経伝達物質の一つで、精神面に大きく影響し、心身の安定をもたらす。「幸せホルモン」とよばれることも。

運動を生活に取り入れよう

適度な運動は、ストレス発散だけでなく、健康を維持することにも役立ちます。

●ポイント

- 長期間継続する。
- 友達や家族を誘って、長続き&リラックス効果アップ。
- 苦手な人は、ヨガやストレッチを。

●注意

- リラックスの妨げになるため、激しすぎる運動はNG。
- 運動したからといって、深酒や食べ過ぎをしないようにする。

中毒性のあるものには注意

ダラダラと続けてしまいがちなストレス発散方法は避けましょう。自分に負荷がかからないストレス発散方法を見つけましょう。

中毒性があるものの例

- ネットサーフィン
- テレビゲームやスマートフォンのゲームアプリ
- 酒を飲む
- ギャンブル

ゲームやパズルの達成感でストレスを発散させるのは、成果を上げるまでにイライラしてしまうこともあるのでNG。

実践
自分の変え方
⑧

時間をコントロールする

時間は、自分で
コントロール
するものなんだ！

時間を生み出す二つの習慣

「仕事が予定通りに終わらない」「待ち合わせの時間に遅れる」など、気持ちに余裕がなくなることもイライラを引き起こす原因です。上手に**タイムマネジメント**ができない人には、二つの特徴があります。それは、後まわしにすること・時間に余裕をもたないことです。

どちらもちょっとしたことを習慣にするだけで、上手にタイムマネジメントをすることができるようになります。

3分ルールで、後まわしとさようなら

後まわしにしてしまう人は、何かをしなければいけない状況で、その作業にどれくらい時間がかかるのかを想像することができません。だから、つい後まわしにしてしまいます。これが積み重なると、ギリギリになって時間に追われ、イライラしてしまうのです。

まずは、取りかからなければいけないものがあれば、それに要する時間を計算しましょう。たとえば、確認をするための電話は3分、スケジュールを伝えるメールは2分といったように、所要時間を整理すれば、すぐに終わってしまうものも多々あります。

そこで、習慣づけたいルールが「3分以内で終わることは、今すぐに取りかかる」ということ。電話をかけたりメールを送ったり、多少面

倒だなと思ったことでも、やってみればあっという間に済んでしまうものです。

信号や電車にコントロールされない

時間に余裕がもてない人は、信号が点滅したときや電車に乗り遅れそうなときに猛ダッシュしてしまうような人です。信号や電車に合わせて走っているということは、物やできごとにあなたの時間をコントロールされている証拠といえるでしょう。

自分以外の何かに時間をコントロールされないためにも、信号の変わり目や駅のホームで走ることは、意識的にやめるようにしましょう。自分のペースで行動することで、はじめて時間をコントロールできるでしょう。

そのためには、あらかじめ時間に余裕のあるスケジュールを組むことも必要です。5分でも10分でも早く家を出てみましょう。そして、それを習慣づけてください。

時間に支配されない習慣をつける

習慣づけるために、下記の3ステップを実践しましょう。

後まわしグセのある人

↓

3分以内にできることは、すぐにやる！

時間に余裕をもてない人

↓

信号や駅のホームで走らない！

習慣づけのステップ例

❶ 決断

「後まわしにしないぞ！」と自分で決めることが、習慣づけの第一歩。

❷ 実行

3分以内にできることからはじめ、終わらせるようにする。

❸ 継続

うまくいかなくても、根気よく続ける。「継続は力なり」！

実践
自分の変え方
⑨

自分の選択を後悔しない

怒るか怒らないかは自分次第

日々生活していれば、どうしても怒らずにいられないこともあります。怒りは人間の重要な感情ですので、すべてを押さえ込む必要はありません。問題は、怒ったほうがいいのか、怒らないほうがいいのか、どちらが正解かわからないケースがあることです。

結論からいうと、正解はありません。怒るにしろ怒らないにしろ、決めるのは自分。自分の**判断**が正解なのです。その判断基準とは、自分のなかの「許せること」と「許せないこと」です。許せることには怒らず、許せないことには怒ればよいのです。

線引きのキーワードは「後悔」

ただし、「許せる」「許せない」の境界線は、**機嫌**によって左右されるので注意が必要です。

たとえば、部下が2分遅刻をした場合、機嫌がよいときなら「仕方がないな」と思えますが、機嫌が悪いときは怒鳴ってしまうかもしれません。このように、線引きが明確でないと、同じことでも機嫌によって判断がぶれてしまいます。

明確な線を引くためのキーワードが「**後悔**」です。機嫌が悪い日は小さなことでもイライラしてしまうので、機嫌がよい日を基準とします。機嫌がよい日に部下が遅刻をして見過ごしたときに、「あれは怒るべきだった」と後悔するの

あなたの判断が
正解なのです！

【後悔】 起きてしまったこと、してしまったことを、後になって失敗だったと悔やむこと。アンガーマネジメントでは、怒る・怒らないの判断基準となる。

であれば、それは「許せないこと」だといえます。

しかし、「まあいいや」と思うのなら、それは「許せること」です。

怒りを感じても怒れないタイプの人は、怒ったことを必要以上に反省し、後悔しがちです。

自分の判断を後悔することは、自分を否定するということです。自己否定をするのではなく、自分の判断が正解だと思えるように、許せること・許せないことをきっちり整理して、判断基準を明確にしましょう。

譲れないものを知っている あなたは「怒り上手」

怒りっぽい人も、怒るに怒れない人も、「後悔＝譲れない」ことと考えて判断しましょう。

後輩があいさつをしなかった

あの態度はまずいよな。すぐに注意するべきだった
まあいいか
後悔

決断

きちんとあいさつはしなさい
ふ〜ん

繰り返していくうちに、あなたの判断が正しいものだったと思えるようになるので続けることが大切。

実践
他人との関わり方
①

周囲に自分を知ってもらう

自分をさらけ出す「自己開示」

人間関係で生まれる怒りは、多くの場合、お互いのことを理解していないことが原因です。ムッとしてしまう言動であっても、相手の価値観や考え方を知れば、「こういう考え方で言っているはずだ」と理解ができます。そのために必要なのが、自分はどういう人間かを理解してもらうこと。すなわち**自己開示**です。

まずは、自分の好みや考え方を相手に知ってもらいましょう。こちらからさらけ出せば、不思議と相手もさらけ出してくれるはずです。

ポイントは、「好きなもの・嫌いなもの」「できること・できないこと」などを明示すること。「わたしは、人ごみが嫌い」「ぼくは、5分前行動をしてほしい」と伝えることで、相手も意識してくれるでしょう。ただし、気をつけなければいけないのは自己開示をしたら徹底すること。機嫌によって言うことが変わると、信用が落ちてしまいます。

自分をさらけ出して、考えを知ってもらおう！

感情の棚おろしで自分を知る

自己開示が上手な人は、心が整理されている人です。整理するために、**感情の棚おろし**を行いましょう。好きと苦手を30個ずつ紙に書き出してください。場所や人など、なんでもかまいません。そこから浮かび上がる自分の心を知り、周囲に自分をさらけ出しましょう。

【自己開示】 他人に対して、自分の性格や趣味などを素直に打ち明けること。自己開示をすると、相手に好感をもたれて心理的距離が縮まるといわれる。

まずは自分から、さらけ出す

相手の価値観や考え方を知りたいなら、まずは自分のことを知ってもらいましょう。そうすれば、お互いに思いをさらけ出せる関係になれます。

自分の考え・好みを開示しない

自分が「こうしてほしい」と思うことを伝えなければ、相手はいつまでたってもわからないまま。相手の言動の意図も理解できないため、怒りが生まれる。

自分の考え・好みを開示する

相手にしてほしいことは、率直に伝えて。相手もそこではじめて、あなたの考えを知ることができる。そして、あらかじめ伝えたことで、相手は言われたことを意識するように。

実践
他人との関わり方②

他人の怒りから身を守る

よーく観察して、
怒りを
避けるんだ

無用な怒りを引き出さないために

すぐに怒鳴ったり、攻撃的だったり、愚痴っぽかったりするような、怒りをまき散らす人と付き合う大前提は、「他人は変えられない」ということ。変えられないのであれば、こちらがうまく**対処**すればいいのです。

対処する方法として、相手がどのように怒るのか、次の五つのポイントを押さえましょう。

①時間と状況
②場所
③行動
④表情やしぐさ
⑤言葉

この5つのポイントを踏まえて、相手をよく観察すれば特定の状況で怒ることに気がつきます。その情報をもとに「トラブルの報告は朝にしない」「メールを打っているときは話しかけない」など、相手に応じた対策を練るのです。相手がどういう言動に引っかかるのかを理解して、それを避けるようにすれば、無用な怒りを引き出さずに済みます。

怒らせてしまったらどうする?

相手の怒りにのまれないことも大切です。もし怒られたとしても、しっかりおなかに力を入れ、目の前の怒りをはね返す**壁**を想像します。これができると、ふだん怒られるときよりも、

【自己顕示】 目を引く行動をとって、関心を引こうとする行動や態度のこと。

落ち着いてその場にいられるようになります。

もう一つ大切なことが、**相手の怒りを「事実」と「思い込み」に分けて考えること。**たとえば、「お前のミスで取引先の信頼を失った！」と怒られたとします。ミスは事実ですが、信頼を失ったかどうかは上司の思い込み、本当のところはわかりません。

ミスの事実は反省しても、信頼を失ったという思い込みまで「自分のせいだ」と考える必要はないのです。

他人の怒りから自分を守る5つのポイントの具体例

他人が怒るポイントを把握したら、実際にそのような状況になったときに近づかないようにして、怒りから身を守りましょう。

❶ 時間と状況

・ランチ前は空腹でイライラしている
・夕方になると疲れていて怒りがち
・商談の前はピリピリしている

❷ 場所

・人ごみが嫌い
・室温が高いとイライラする
・片づけていない部屋は嫌い

❸ 行動

・集中しているときはピリピリしている
・運転していると気性が荒くなる
・出かける直前は焦っている

❹ 表情やしぐさ

・眉間にしわが寄っている
・大きなため息をつく
・ひとりごとが多くなる

❺ 言葉

・「なんでわからないんだ！」
・「何度も言っているだろ！」
・「できないなら、最初から言え！」

実践
他人との関わり方
③

他人のコアビリーフを理解する

相手の「〜べき」を知る

人にはそれぞれ、自分にとっての常識やルール、「こうあるべき」というコアビリーフがあるということを2限で話しました（▼P.68）。怒らない環境を整えるには、相手のコアビリーフを知っておくことが必要です。

そのためにも、前のページで話したように、上司や部下、家族がふだんからどんなことを言っているか**観察**することが大切です。相手が怒るポイントを探ると同時に、その人の「〜べき」や「〜べきでない」を理解しておきましょう。それをふまえたうえで付き合い方を考えれば、相手のイライラが減っていき、結果的に、あなたのイライラを減らすことにもなるのです。

「スルー力」とは他人への許容力

許容範囲が広くイライラしない人は、**スルー力《りょく》**が高いとも言い換えられるでしょう。

スルー力とは、「自分はそうは思わないけれど、相手の『べき』は理解する」としぜんに考えられる力のこと。相手を無視することではありません。たとえ無視しようとしても、許容度が低いと相手の声を打ち消すことができず、操り返し思い出してはイライラしてしまいます。

スルー力を高めるには、相手の価値観を尊重することが大切です。他人のコアビリーフへの理解が、スルー力アップにつながります。

価値観がわかれば、
許容度が
上がるんだ

周囲の人物を観察する

怒らない環境を整えるには、身近な人のコアビリーフを理解することも大切です。日々、観察するようにしましょう。

「観察」3ステップ

1. 上司や部下、家族が言うことに耳を傾け、それぞれの「〜べき」を把握する。書き留めるとなおよい。
2. ❶を継続し、それぞれのコアビリーフを把握する。それに合わせて、相手の価値観も理解する。
3. 相手の「〜べき」に引っかからないように、それぞれの接し方やつき合い方を考える。

会議に3分も
遅れてくるなんて！
フムフム

スルー力を高めよう

スルー力を高めれば、その人の考えを受け入れることができます。

スルー力が高い

5分前でいいと思うけど……。
なんで10分前に来ないんだ！
ハイ…

怒りの気持ちは理解できますが、そうは思わないので受け流す。

スルー力が低い

5分前には来てましたけど！
なんで10分前に来ないんだ！

なぜ怒っているかわからず、いちいち突っかかってしまい、イライラする。

ときには他人に甘える

甘えること＝他人を信頼すること

具体的な指示をせず、「いつになったらまともな資料をつくれるんだ！」とやり直しを要求する上司がいたとします。

ムッとしながらも「わかりました」と引き下がってしまうなら、我慢強い人なのでしょう。もしくは「できないわたしが悪い」と考える、自分に厳しい努力家なのかもしれません。

一方で、「具体的に指示をしてください！」と**主張**したり、「できません！」と**率直**に不満を述べたりすることができる人もいます。

このように、自分の思っていることを言葉に出せる人は、「思っていることを素直に口に出していい」という甘えをもっています。

人間関係における甘えは、**頼る**ということ。感情を素直に出すことは、他人への信頼を高めるためにも必要なことなのです。

冒頭の上司のような人には、「はっきりご指示いただかないと困ります」と口にしてみてください。本当に無理だと思うなら、「わたしにはできません」と素直に言ってみましょう。

こうした経験の積み重ねから、「自分の感情を出してもいい」「イヤだと思ったら怒ってもいい」と考えられるようになっていきます。

素直に口に
出すのは、
意外にむずかしい

「甘え上手」の二つのルール

ただし、言いたいことを素直に言うためには、

【内的統制型】 自分の能力や努力によって、成功・失敗すると考えるタイプ。一度挫折すると、強い失望感をもつこともある。

次の二つのルールを覚えておく必要があります。
①相手、場所によって言うことを変えない。
②相手の気持ちや立場に配慮をする。

言うことがコロコロと変われば、だれもあなたを信頼しなくなってしまいます。そして、あなたにはあなたの**立場**があるように、上司には上司の立場や事情があります。好き勝手なことを言ってしまうのは、単なるわがまま。信頼が失せ、相手にされなくなるでしょう。このルールを理解して、甘え上手な人になってください。

イライラの我慢は自虐につながる

怒りを我慢すると、怒りの行き場がなくなり、自分へと向かいます。自虐が過ぎるとストレス過多になり、体や心を壊す原因となります。

不満を抱えつつも引き受ける

できない自分を責める

本来ならば、自分を守るための怒りによってストレスがかかり、マイナスの結果になる。

【外的統制型】　成功も失敗も、自分以外のなにかが要因だと考えるタイプ。

実践
他人との関わり方
⑤

他人に見返りを求めない

見返りを求めてはいけない？

「プレゼントを贈ったから、お返しがあるはず」。このように、自分がしてあげたことは相手もしてくれるという考え方は、人間関係では一般的な心理ですし、この思いに共感する人も少なくありません。しかし、それが当たり前と考えてしまうと、思うような**見返り**がなかった場合に、「これだけしてあげたのに、なんで！」と怒りが込み上げてしまいます。

　レストランでお金を払ったら、食べ物が出て来るのは当然です。でも、人間関係はそうはいきません。同様に考えてしまえば、不満や怒りを感じることでしょう。

やらされている感が怒りを生む

もしあなたが見返りを求めているとすれば、それは、あなたが本当にやりたいことではないのでしょう。相手にしてほしいことがあるからこそ、自分が先に与える――。もしかしたら、あなたは心のどこかで**やらされている感**を感じているのかもしれません。

　本当に自分がやりたいこと・好きなことをしているのなら、見返りなんて考えないでしょう。まずは、本当にしたいことかどうかを考えてみてください。そうすれば、しぜんと自分が望んでいることを優先できるようになります。

本当に
やりたいことか
考えてみよう

相手への期待値を下げる

見返りを求めないということは、相手に**期待**しないということではありません。

たとえば、新入社員に部署で一番の売り上げ成績を求めるのは、明らかに行き過ぎた期待。成果が出ずに怒るのは不毛なことです。期待と成果の大きなギャップは、怒りを生み出してしまいます。そんなときは、相手への期待値を少し下げてもよいのではないでしょうか。

自分の意思を優先する

同僚を手伝ったのは、大変そうな姿を見てしぜんと体が動いたのでは？　なぜ手伝ったのかをよく考えてみましょう。

実践
他人との関わり方
⑥

他人と比較をしない

比較する相手は永久に現れる

自分より給料のいい同僚に対して「なんであいつのほうが高いんだ」と**嫉妬**したとします。その気持ちは、同僚の給料額を追い越せば収まるのでしょうか。おそらく、さらに自分より給料のいい相手を見つけてイライラするでしょう。

比較することで満足を得ようとしすぎると、今ある現実を受け入れられず、イライラしてしまいがち。違う相手を見つけては**比較**し、そのたびに嫉妬を抱く。そのサイクルに取り込まれれば、一生不満が解消されることはありません。人とくらべるクセがある限り、比較・嫉妬を感じる相手は、永久に現れ続けるのです。

「他人は他人」。違いを受け入れる

そのクセから抜け出すためには、「他人は他人」と理解し、自分との違いを受け入れることです。これは、前のページで話した他人のコアビリーフを理解することとも通じますね。比較しそうになったら、「他人は他人」と心のなかでとなえてみましょう。

また、2限で怒りは自分を動かす原動力になるという話をしました。人は、適度なストレスを感じているほうが、能力を発揮すると言われています。仮に嫉妬したとしても、その気持ちをバネに、がんばる気持ちに変えていくとよいでしょう（▼P.116）。

自分は自分、
他人は他人だと
考えよう

【嫉妬心】 ライバル意識があるからこそ生まれる感情で、2～3歳ごろから発生する。他人の足を引っ張るような妬みではなく、自分が成長するための原動力になる。

悔しさ・嫉妬はバネにする

他人の成功に怒りを感じ、そんな器の小さい自分にもイライラ……。悪循環を断ち切るために、怒りを原動力に変えていきましょう。

………
わーい！
企画が通ったー !!

同僚の成功に嫉妬する

エネルギーに変える

よし！次の企画を
考えよう！

怒りの感情を上手に利用できれば、がんばるための原動力になったり、次に向けてモチベーションを高めたりすることができる。

イライラする

なんで、あの子の
企画が通るのよ！
キー

人とくらべるクセがある人は仕事だけでなく、学歴や容姿、結婚、子ども、健康なども他人と比較しがち。それでは疲労の原因に。

【社会的比較理論】 他人とくらべながら、自分の意見や能力を正しく評価するようになること。

実践
他人との関わり方
⑦

価値観や考え方の違う人と接する

いつもと
違うことが、
免疫力をつける！

ふだんと違う人に会い、違う行動をとる

４限では、怒らない環境の整え方を解説してきましたが、不意に他人から受けるストレスに対応するためにも、怒りに対する**免疫力**もつけていきましょう。

怒りの免疫力をつけるために、自分と価値観・考え方の違う人と接してみるとよいでしょう。イライラしてしまうかもしれませんが、いつもと違う人に会い、いつもと違う行動をとることで、あなたのなかの多様性を鍛え、怒らない体質に変えていくのです。

何年も会っていない友人を訪ねたり、ふだんは断る飲み会に参加したり、会社員であれば、自営業の友人と会ったり……。あるいは、「通勤路を変える」「新しい店に入る」「ふだん観ないテレビ番組を観る」など、生活を少し変えてみるだけでも、気づきがあるかもしれません。

旅行は違う価値観に触れるチャンス

イタリアやスペインなどのおおらかな国へ旅行に行けば、新たな発見があるはずです。時間に正確な日本人は、電車が時間通りに来ない、レストランで料理が出てこないことに驚かされますが、それが価値観の違いの勉強になります。

海外だけでなく、国内でも同じです。都会に暮らす人なら、のどかな田舎や離島へ行き、現地の人と交流してみてはいかがでしょうか。

【ブレイクパターン】　怒りのパターンを変えるために、新たな行動をとる手法。遅刻しないと決めたら、１本早い電車に乗ったり、5分早く家を出たりして、遅刻がなくなるまで続ける。

「いつもと同じ」をやめて多様性を鍛える

いつもと違う行動をすることや人と会うことで、「こんな考え方もあるんだな」と自分のなかで考え方のバラエティが広がります。

価値観・考え方が同じ人

日本では、電車は時刻表のとおりにくるものと認識されている。だから、電車の到着が遅れるとイライラしてしまうこともある。

価値観・考え方が違う人

当たり前だと思っていたことは、数あるなかの一例だと気づかされる。怒りに対しても、ときには「こんな考え方もあるんだなあ」と思うことが必要。

休み時間

有名人のエピソードから学ぶアンガーマネジメント

有名人は、怒りへの対応に注目される機会が多いものです。
実際に起きた怒りに関するエピソードを参考に、
怒りのマネジメントテクニックを学びましょう。

ある報道番組で、野球評論家の張本勲氏がサッカーの三浦知良選手に対して、「若い選手に席を譲ってやらないと」と引退勧告にもとれる発言をしました。このとき、J2のチームに所属し、当時48歳で最年長プロサッカー選手として活躍していた三浦選手。彼がこの件についてコメントを求められたところ、「もっと活躍しろって言われているんだなと思う」と返しました。言い返しても不思議ではない状況で、彼は怒らず、サッカーに対する原動力に変えて見せました。さらには、この対応により張本氏に前言を撤回させ、「最後まで応援する」とまで言わせたのです。

三浦選手は「自分が納得いくまでサッカーを続けたい」という思いを一番に考えた結果、トラブルを避け、かつて野球界で活躍した張本氏に尊敬の念を抱き、このような対応をしたのでしょう。

※このエピソードは第１回「アンガーマネジメント大賞」に選ばれました。

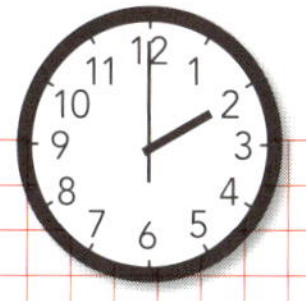

5限
怒りを上手に伝えよう

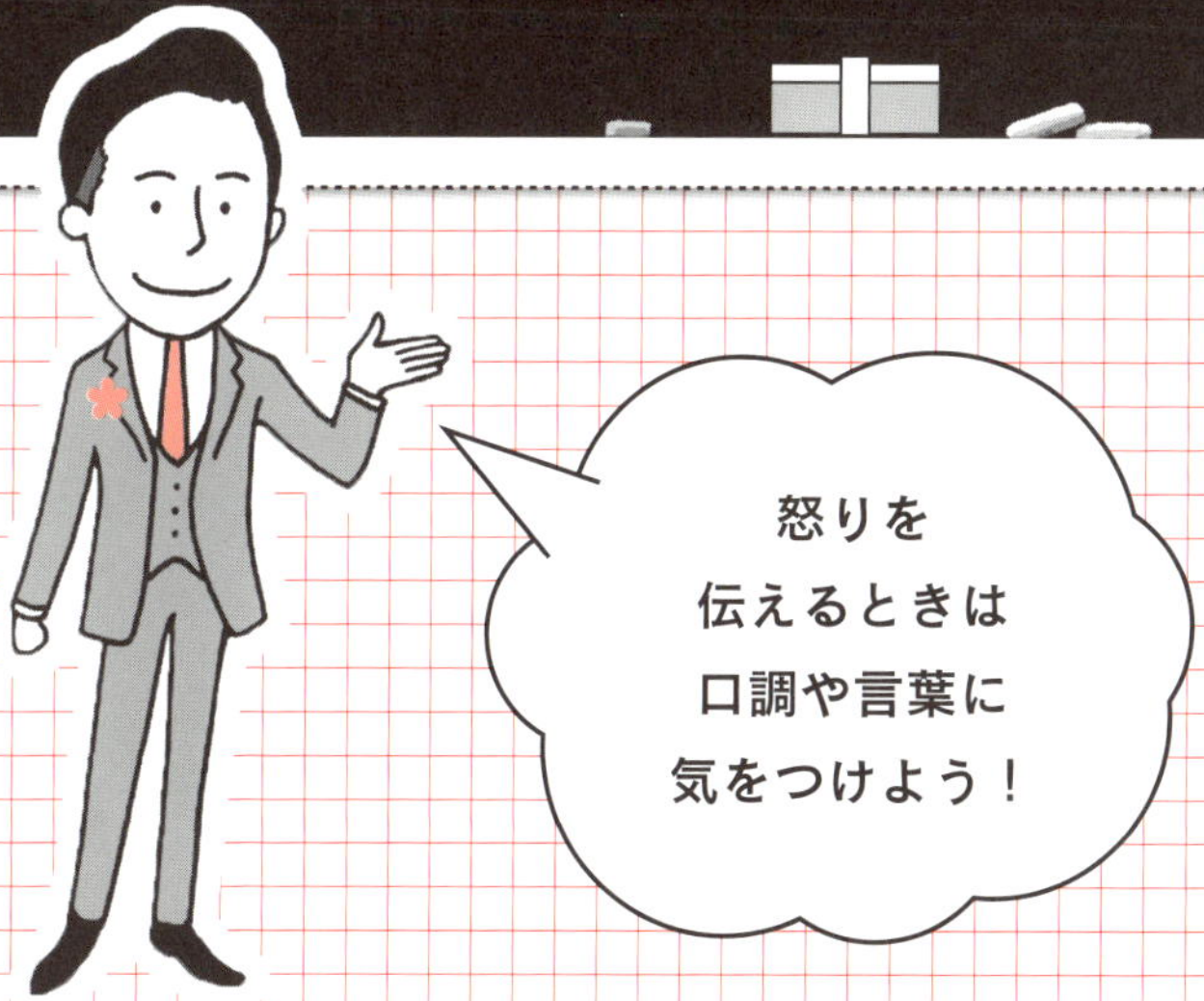
怒りを
伝えるときは
口調や言葉に
気をつけよう！

introduction ⑤

怒りを相手にうまく伝えるには?

せんぱーい！
やったね！
これ、どーいうことですかー？
くど
くど
……また？ この前も言ったけどさ、同じこと何回も聞くなよ 大体さー……
アンガくん
あらあら
ぼくはもう帰るから、この書類、明日の朝までに頼むよ
どっさり
え!? あの……その……
じゃあ
はぁ〜〜〜
日本アンガーマネジメント協会

おまたせ よく来たね
先生……こんなことがあって……どうしたらいいのか…
アンガーマネジメントには、怒りを上手に伝えることも含まれるんだよ
イカリくんは、相手に威圧感を与える話し方や姿勢がいけなかったね
穏やかな口調で相手を受け入れるしぐさをすれば、受け取る印象が変わるんだ
おれはきみを受け入れるよー
▶P.170
アンガさんは、ギャップを利用して怒りを伝えればいいよ
そんなこと言っちゃダメ〜ン♡
ギャップ？色じかけ的な？

← 適切な言葉や態度で、上手に怒りを伝えよう！

怒りの伝え方 ①

怒りは伝える手段の一つ

怒ることで、
自分の気持ちを
伝えよう

怒らないことのデメリット

怒りは、自分を守るための感情です（▼P.72）。必要なときに怒れないと、自分が損をしてしまいます。

たとえば、絶対に怒らない人だと思われたら、嫌なことばかり押しつけられる損な役回りになってしまいます。そんな状況に、あなたは「なんでちゃんと言えないんだろう」と自分を否定することもあるでしょう。あるいは、不満そうなあなたのようすを見て、「言いたいことがあるなら言えばいいのに」と、周りの人があなたに不信感をもつ可能性もあります。

このように、不快に思っていてもそれを伝えなければ、状況は変わりません。

怒りの裏側には、「本当はこうしてほしい」という願望が隠されています。それを**適切**な方法で伝えることができれば、損な役回りや相手の言動を変えることができるのです。

注意すべき二つの誤解

だからといって、怒り方を間違えると状況を悪化させてしまうことになりかねません。怒りを伝えるうえで注意したいことがあります。

それは、「怒らなければ伝わらない」「感情をぶつけることが怒ること」という怒り方に対する誤解があることです。

怒る前に、本当に怒らなければいけないのか

【アグレッシブ・コミュニケーション】 相手を責めたり、追及したり、圧力をかけたりする、攻撃的なコミュニケーション方法。

を冷静に考えてみましょう。怒らずに済むならそれがベストです。そのうえで怒る必要があると思っても、感情的になってはいけません。大声で怒鳴ったりすれば相手を不快にさせ、「あの人を怒らせると面倒だ」と、やっかい者扱いされてしまいます。

怒ることの目的は、相手に次からどうしてほしいのかという自分の願望を伝えること。相手を傷つけることや、ストレス発散の手段ではありません。

言わなければわからないこともある

我慢をしていても、相手はあなたの怒りに気づきません。適切な伝え方をすれば、案外すんなりと聞き入れてくれるでしょう。

【パッシブ・コミュニケーション】 自分から主張をしない、消極的なコミュニケーション方法。

怒りの伝え方 ❷

話に一貫性をもたせる

言ったことは変えない

怒るときは、内容の正当性はもちろん、一貫性があるかどうかに気をつけたいところ。「**一貫性**」とは、いついかなるときも、だれに対してもブレない姿勢のことです。

怒りは、上から下へ流れやすいものです（▼P.60）。それだけに、下の立場・弱い立場の人を怒るときには、とりわけ気をつかう必要があります。話に一貫性がないと、下の立場の人は不信感を抱くでしょう。

怒りの一貫性をもたせるためには、自分の怒ったポイントや怒りの強さなどを記録するアンガーログ（▼P.82）が有効です。それをもとに、「時間にルーズ」「自己中心的な行動」など自分の怒りのポイントを分析し、正当、かつ重要だと感じた場合にだけ怒るのです。

大めに見ることも大切

怒りの正当性・一貫性を整理したら、一本筋を通して怒る一方で、その筋から外れるものについては大らかでいましょう。

自分の部下に対して、「あいさつをする」といった礼儀については厳しくすると決めたとします。そこで、多少の遅刻や書類のミスなどの礼儀という筋から外れることは、大めに見てあげてください。この一貫性が守られれば、多少厳しくしても、部下は納得できるでしょう。

話に一貫性がないと、信用を失うんだ

【一貫性】 最初から最後まで、矛盾がない状態であること。同じ考え方や態度、行動を持続させること。

一貫性のない怒りは、不信感を生む

日によって怒る内容が違う、人によって怒る基準が違うとなれば、相手も不信感を抱いてしまいます。

アンガーログで正当性と価値観を確認する

アンガーログで、自分のコアビリーフ（価値観）を理解して、適切に怒りを伝えましょう。

アンガーログをチェック！

- 怒った場所
- 怒りの強さ
- 怒った内容
- 怒ったポイント

↓

- 時間が守れないと怒る
- 自分の意見が言えないと怒る
- 効率だけを考えていることに怒る

過去をむし返さない

「前から言おうと思っていた」はNG

「前から言おうと思っていたけど」「この際だから言うけど」「そういえばこの前も……」

怒るときに、過去を引っ張り出してくるのは、自分がいかに怒っているかを強調したいという心理です。しかし、それによって、怒られる側は「そんなの、今は関係ないじゃないか！」と、怒られている内容を素直に聞けなくなります。それどころか、「あの人は昔のことばかりむし返す」と問題をすり替えられて、本来伝えるべき内容が伝わらなくなってしまいます。

怒るときは、怒られる側が素直に聞ける**タイミング**を考えなければなりません。

その場で怒れなかったときは？

怒るタイミングとは、怒りを感じたときです。感じた怒りをその場で伝えれば、相手も素直に聞き入れ、お互いが納得する形に近づけるでしょう。

もしその場で怒れなかったら、そのときは次の機会を待ちましょう。同様の機会が訪れるまでの間に、もっとも効果的な伝え方を考えておくこともできます。

怒りを伝える際には、「言いにくいことを言うんですが」などと、クッションとなる言葉を添えれば、相手は心構えをもってあなたの話を聞いてくれるはずです。

怒りを感じたときに怒ろう

怒りを感じたときが、怒るベストタイミング

その場で起きた出来事は、その場で解決しましょう。過ぎてしまったら、「終わったことはしかたのないこと」として諦めることも肝心です。

あいさつしない部下に怒りを感じた

伝えたいけれど我慢をする

ガマン
ガマン

伝えることを躊躇したり、後まわしにしたりすると、タイミングを逃してしまう。

過去をむし返して怒る

この前もそう
だったけど！

いつ起こったことかがわかりづらく、あなたへの不信感を募らせてしまう。

感じたことをその場で伝える

きちんと
報告しような

そのときに思ったことを素直に伝えられ、相手も怒られたことに目を向けやすくなる。クッション言葉で表現をやわらげると、より伝わる。

クッション言葉の例

「あくまでわたしの
個人的な意見なのですが…」
「わたしの素直な気持ちですが…」
「申し上げにくいことなのですが…」
「とても言いにくいのだけれど…」
「失礼とは存じますが…」
「ぼくが感じたことなんだけど…」

怒りの伝え方 ④

穏やかな口調を心がける

何を言うかよりどう言うか

怒りを伝えるためには、どういう言葉を選ぶかだけでなく、そのときの話し方にも重要なポイントがあります。

たとえば、めちゃくちゃなことを言っていても、その口調が**冷静**で堂々としていると「この人の言っていることは正しいのかな」と思えてしまいます。一方で、正しいことを言っていたとしても、**激昂**しながら怒鳴っていれば「なんだ、この人は！」と不満をもたれてしまいます。

人間は、言葉の意味よりも言い方のほうが印象に残るもの。何を言うかより、どう言うかが、怒りを伝えるポイントなのです。

冷静に見せるテクニック

怒りを伝えるときは、ゆっくりと穏やかな口調で話しましょう。つい早口になりがちですが、聞きとりにくいことはもちろん、自分のイライラを相手に伝えてしまいます。

また、怒りを感じているときは、ボディランゲージにも不快感が現れます。「腕組み」や「相手に対して斜めに構えること」は、**拒否**や**敵意**の現れです。怒るときは、あえて腕や手を大きく広げて、相手を受け入れる気持ちで話すとよいでしょう。これらを心がければ、自分も相手も不快な思いをせずに話すことができるようになるでしょう。

意識的に、
やさしくゆっくり
話そう

【非言語コミュニケーション】 言葉ではなく、表情や目線、しぐさ、声、におい、話し方、色など五感に訴える要因で、意志や感情を伝え合うこと。

怒りをコントロールするための話し方

怒っているときほど、気をつけたいのが話し方。話し方が違うだけで、相手が受け取る印象も断然変わります。ふだんから意識して話すようにしましょう。

穏やかな口調で話すポイント

1 ゆっくり話す

ゆっくり話すと堂々として見えるため、相手に好印象を与える。言葉づかいもできるだけ、ていねいにする。

2 トーンを高くしない

感情が高ぶると、声のトーンが高くなりがち。心を落ち着けて、なるべく声のトーンをおさえる。

3 言葉グセをなくす

「うーん」「あっ」「えっと」などの言葉グセは、発言がムダに長くなり、相手にくどいと思われるため、言わないようにする。

4 ときどき小休止する

マシンガントークはNG。一方的に話さず、相手があいづちを打てるように、話の途中で小休止を入れるようにする。

好印象を与えるボディランゲージ

視線をそらさずに、相手の目を見る
相手を迎え入れるように、手を大きく広げる

口調だけでなく、ボディランゲージにも感情が現れる。印象のよいものを積極的にとり入れよう。もちろん表情はにこやかに。

これはNG！

腕組みは、拒否の姿勢を表すのでやめよう。また、話しながら鼻やあごなどを触ると、相手に違和感を与えることも。

【パッシブ・アグレッシブ・コミュニケーション】 間接的に攻撃するコミュニケーション方法。不満や怒りを感じても直接伝えず、非協力的な態度などで怒りを示す。

怒りの伝え方 ⑤

落差を利用して話す

おとなしい人が
怒ると、びっくり
するでしょう？

ふだんとの落差が迫力を生む

怒っている人を見て、「またはじまったよ」とうんざりした経験はだれにでもあるでしょう。しょっちゅう反抗したり、日常的に怒っている人には、周りもそれに慣れてしまいます。

反対に、いつもニコニコと温厚にしている上司がいたとします。多少のミスは許してくれ、部署内でもやさしいと評判でした。しかし、ある部下がクライアントに失礼な態度をとったとき、上司は見たことのない形相で部下を叱ります。

ふだんは小さなことにイライラせず、穏やかな態度をとり、けれど必要なときにははっきりした口調と毅然とした表情で異議を申し立てる。その態度の落差に、怒られた相手はハッと気づき、自分の非をふり返ります。

落差は態度だけでなく、声量によっても感じられます。怒るときはいつもより大きい声を出すと、より効果的です。

落差は、上の立場の相手にも有効

これは、下から上へ意見を通すときにも有効です。上司に対しては、多少ムッとすることがあっても、努めて平穏を保つもの。

だからこそ、ここぞというときに「イヤです！」「できません！」と強い調子で伝えれば、いつものあなたとの落差に上司も「マズい！」と思い直すのではないでしょうか。

ふだんとのギャップが怒りを伝える

ここぞというときに、強い調子で伝えれば相手もハッとさせられるでしょう。そのためには、日常をどう過ごすかが重要です。

つねに怒っている人の場合

小さいことでも怒ったり、いつも怒鳴ったりしている人に対しては、周りが怒りに慣れてしまい、ここぞというときの怒りが伝わりにくくなってしまう。

ふだんは温厚な人の場合

ふだん怒らない人が怒ったとき、そのギャップに「とんでもないことをしたんだ」という気持ちが生まれる。

言葉の選択 1

主語は「わたし」にする

「あなた」を主語にすると責める言葉に

Aさんは、社内会議で指揮するチームの業績が落ちたことを指摘され、部下のBさんに対して「あなたの売り上げが悪いから、チームの成績が落ちたんだ！」と怒りをぶつけました。

人は怒っているときに、主語をわたし以外のだれかにしてしまいがち。しかしこれは、他人を**責める**ための言葉。これでは、チーム全体の業績が落ちたことはBさん一人の責任だと言っているようなものです。

Aさんが本当に怒っていることは、チーム業績が落ちたこと。その現実を、他人のせいにしているにすぎません。そして、業績が落ちたのは、本当にBさんの売り上げだけが原因なのでしょうか？

相手を責めて原因を探るのではなく、自分の要望を伝えて解決方法を見つけることのほうが、建設的です。

「あなた」を「わたし」に置き換える

自分の要望を伝えるためには、どのように話せばよいでしょうか。その答えが「主語をわたしにする」です。

前述の場合、Aさんは「チームの業績が下がって、わたしは困っている。どうすればよいか考えてほしい」と、「わたし」を主語にして、困っているということを伝えるとよいでしょう。

主語が変わると、
相手のとらえ方も
変わるんだ

【わたしメッセージ】 アサーティブコミュニケーションの方法で、「わたし」を主語にして話す怒りの伝え方。対照的に、相手を責める「あなたメッセージ」もある。

主語を「わたし」にしたとたんに責めるニュアンスが格段に減り、そのうえで思っていることや要望が伝わります。その言葉に、相手も「そんなに困っているのか」と気づくはずです。

つまり、「わたし」を主語にするということは、現状の**問題解決**につながるのです。

一般論こそ、主語を「わたし」に

「わたし」を主語にする方法は、世の中の「〜べき」を語るときにも有効です。

「遅刻なんて社会人の自覚が足りない」「父親も育児に参加するのが常識」など、一般的に言われている「〜べき」を例にして怒ると、その相手は説教をされているように感じるでしょう。けれど、「遅刻をされるとわたしが困る」「育児に参加してもらえるとわたしが助かる」と「わたし」を主語にして話せば、あくまであなたの意見として受け取ることができるため、相手も耳を傾けやすくなります。

主語が「あなた」か「わたし」かで主張が変わる

自分を主語にして、「どう思っているか」という気持ちや意志を伝えましょう。

主語が「あなた」

あなたのせいで
仕事が遅れて
いるの！

「あなた」を主語にすると、責任を押しつけられているように感じる。

主語が「わたし」

仕事が遅れていて
わたしは
困っているの

「わたし」を主語にすることで、その言葉はあなたの意見として相手に伝わる。

【アサーティブ・コミュニケーション】 自分も相手も納得のいく状態をめざすコミュニケーション方法。主語を「わたし」にするテクニックは、その代表例としても挙げられる。

言葉の選択 ❷

未来や解決策を語る

「なんで」は過去を見る言葉

「なんでこんな問題が起きたんだろう」
「どうしたらこの問題を解決できるんだろう」

これは、似ているようで実は真逆の考え方です。前者は**問題志向**であり、後者は**解決志向**。問題志向は「**過去**」を、解決志向は「**未来**」を見ているとも言えるでしょう。

原因を明らかにすることは大切ですが、怒りのコントロールという観点では、悪かったことばかりに目がいき、怒りにつながります。

さらに「なんで」には、責めるニュアンスが含まれています。「なんでミスをしたんだ！」と部下を叱るとき、理由を聞いているのではなく、単に相手を責めたいだけだったりもします。

怒るときは、**原因**よりも**目標**や**理想**に観点を置くようにしてください。

「どうしたら」は未来に向けた言葉

そのための言葉が、「どうしたら」です。

怒られる部下も、「なんで」と問われれば、ミスの原因を探して自分のダメな部分に目を向けてしまいますが、「どうしたらミスが減るのか考えろ！」と叱られたほうが真剣に自分と向き合うはずです。

「どうしたらトラブルをきちんと報告できる？」
「どうしたら忘れ物が減るの？」

その一言で解決に向けて考えられるでしょう。

過去に目を
向けるより、
未来のことを考えて

【目的論】問題にぶつかったときに、目的に向かってどう行動するか、どうしたらよいのかを考える方法。

もう一つ、未来を語る言葉があります。それは「今度から」です。たとえば、部下が無断で遅刻したときには、「今度から遅刻しそうなときは連絡をくれないか」という言い方をしましょう。それから、「なぜそうしてほしいのか」もつけ加えて。「早めに連絡をもらえれば、次のスケジュールが立てやすいから」と説明すれば、部下も報告の必要性を理解できます。

　二つの言葉を意識的に使い、解決志向、未来志向で物事を考えていきましょう。

問題志向と解決志向の考え方

問題志向で考えることが必要な場面もありますが、怒りをコントロールするうえでは、未来を考える解決志向のほうが適切です。

問題志向のポイント

- 過去をふり返る
- 問題点を取り上げる
- 何が悪かったかを列挙する
- どうすればよかったのかを考える

↓

過去の問題を究明する

解決志向のポイント

- 未来を想像する
- うまくいく方法を考える
- 成功するための行動を列挙する
- どうなりたいのかを考える

↓

未来への目標・理想につながる

【原因論】　問題にぶつかったときに、それが起こった原因を探る考え方。

言葉の選択 ❸

正確な表現をする

「いつも」「絶対」「必ず」はやめる

3限で、「事実をねじ曲げるような大げさな表現は避ける」ということを話しましたが、それは相手に怒りを伝えるときも同じです。正確な表現をすることで、相手を納得させることができます。

たとえば、大切な商談の場に部下が遅刻をしたとします。その部下は遅刻しがちで、ついにあなたの堪忍袋の緒が切れてしまいました。

「おまえは大切なときに限って、いつも遅刻するじゃないか！」

「いつも」「絶対」「必ず」。これは、人が怒ったときに使ってしまいがちな言葉です。100%の確率で遅刻するなら正確といえますが、実際は10回に3回くらいかもしれません。このように怒られると、言われた相手も「前回は時間通りに来たじゃないですか！」と反発心を覚えてしまいます。

これらの言葉を使いそうになったらグッと飲み込み、「〜しがち」「〜の傾向がある」という言葉に変換してみてください。

大げさな表現を使わない

「なぜわたしだけを怒るのですか！」「今までの苦労がすべて台なしだ！」と、無意識に大げさなことを言ってしまう場合があります。この言葉をぶつけられた相手は、自分を否定されたよ

大げさな表現は、
ムダな怒りを
生んでしまいます

正確な表現に必要な「5W1H」

英文のポイントとなる「5W1H」は、アンガーマネジメントにも役立ちます。

● WHO（だれが）
「みんな、そう思っている」といった、あいまいな表現は相手が困惑する原因。だれが言ったかを明確にする。

● WHEN（いつ）
「いつも」「昔」「すぐに」といったあいまいワードは、相手とのすれ違いが生まれることも。時間は、正確に表現する。

● WHERE（どこで）
「どこで怒りを感じたか」をあいまいにすると、相手もどの出来事に対して怒っているかが、わかりにくく感じる。

● WHAT（なにを）
「あなたの“言葉づかい”を直してほしい」など、自分が何に対して怒っているかを、はっきりさせる。

● WHY（なぜ）
「なぜそう思うのか」「なぜ怒るのか」を伝える。理由が明確でなければ、相手は怒られた理由に納得ができない。

● HOW（どのように）
「どのようにしてほしい」と希望を伝えれば、「今後どうすればいいのか」と、解決に向かって考えられる。

うな気になり、あなたに怒りを感じるでしょう。

実際は、ほかの人にも怒っているし、少しでも救いがあるはずです。大げさに表現するのではなく、目の前にある事実を伝えるようにしてください。

「すぐに」はあいまいな言葉

人によって価値観が違うあいまいな言葉も厳禁です。その代表例が「すぐに」という言葉。

「すぐにやって」と指示をしたのになかなか取りかからない部下を叱っても、当の部下はいまいちピンときていないようす。これは、あなたの「すぐに」と、部下の「すぐに」にズレがあるからです。

価値観のズレをすり合わせるために、ルールを決めるとよいでしょう。その作業を終わらせてほしいのは、午前中なのか、1時間以内なのか。具体的にすり合わせることで、不要な怒りはなくなるのです。

言葉の選択 ④

決めつけて話さない

レッテル貼りの言葉「あなたは〜だ」

人はレッテルを貼ってしまうと、ちょっとしたきっかけで、過度な怒りを感じてしまうということを3限でお話ししました。

相手の悪いところにばかりに目を向けていると、それは言葉になって現れます。

「きみはいいかげんな人だ」「あなたは感情的にものを言う人だ」といったような、「**あなたは〜だ**」というレッテル貼りの言葉です。

これでは、言われた相手は不快感を覚えてしまいます。そして、同時に「そんなことないじゃないか！」という反発心が生まれるのです。

相手に素直に話を聞いてもらうためには、「あなたは〜だ」という決めつけの表現はグッと飲み込みましょう。それでも使いそうになったら、一度大きく深呼吸をし、相手のよい点を探してみましょう（▼P.100）。

決めつけの言葉「あなたは〜だ」と同様に、「〜べき」も避けたい表現です。

押しつけの言葉「〜べき」をやめる

2限でお話しした通り、自分の価値観やルールに縛られている人は、「〜べき」と考えがちです。それを言葉にすることは、相手に自分の価値観やルールを強要していることと同じです。

自分の常識を他人に押しつける前に、そのゆがみを見つめ直し（▼P.90）、怒りを伝えると

決めつけや価値観の
押しつけは、
相手に不快感を
与えるよ

【レッテル】 人物や物事に対する、一方的かつ断定的なマイナス評価のこと。

きはもちろん、日常会話でも「～べき」を避けて話すようにしましょう。

「いつも」「絶対」「必ず」も決めつけ

ちなみに、前のページで話した「いつも」「絶対」「必ず」も大げさな表現であり、決めつけの言葉です。決めつけや押しつけの表現と同様に、言われた相手は、「なんで、いつもって決めつけるんだよ！」と反発心をもってしまうので避けてください。

相手の性格や考えを決めつけない

決めつけそうになったときは、一度深呼吸をして心の色メガネを外してください。そうすることで相手を見つめ直せるでしょう。

言葉の選択 ⑤

怒りの表現を豊かにする

言葉選びの技術を磨く

怒りを伝えるときには、言葉選びが重要です。怒っているときに、相手を「おまえ」と呼んでしまう人がいますが、これを「きみ」に置き換えるだけでも印象が変わります。ささいな言葉ひとつで、相手の態度も変化します。

適切な言葉を選ぶためには、ボキャブラリーが豊富でなければいけません。ある県で調査した教師の体罰の理由の上位に、「言葉で表現できなかった」というものがあるそうです。言葉が見つからないから、手が出てしまうのです。

また、感情は言葉に引っ張られてしまうもの。「普通」「ムカつく」「キレる」しか言葉がなければすぐにキレてしまいますが、言葉を10個もっていれば、10段階に怒りを分けることができ、その時々の怒りの度合いを正確に表現できるはずです。

短い時間で伝える訓練

怒りを正確に伝えるためには、できるだけ短い時間で伝えることも大切です。なぜなら、怒りを伝えるときはつい気持ちが高ぶってしまい、話が長くなってしまう傾向があるからです。長い説教は、聞いている相手を「くどいなあ」と意気消沈させてしまいます。

短い時間で怒りを伝える訓練として、怒りたい相手が目の前にいると想定して、時間を計り

引き出しがたくさん
あれば、怒りの
表現もたくさん！

【怒髪天をつく】　あまりの怒りに髪が逆立ち、恐しい形相になるようす。

ながら話してみることも効果的です。最初は何も考えずに話して時間を計り、次に要点を絞って半分の時間で伝えることに挑戦してみてください。

「適切な言葉を選び、短い時間で伝える」。これを日ごろから意識しておくのです。

怒りのボキャブラリーの例

怒りを表現するためには、言葉のボキャブラリーが必要です。ボキャブラリーを増やして段階に分け、適切に怒りを伝えましょう。

怒りの強さ

強

逆鱗に触れる、殺気立つ、烈火のごとくに、はらわたが煮えくり返る、怒髪天をつく、業を煮やす、猛り狂う、腹の虫がおさまらない

わなわなと震える、怒りを爆発させる、激昂する、神経を逆なでされる、逆上する、目くじらを立てる、堪忍袋の緒が切れる、怒鳴る、怒声を張り上げる、語気を荒げる

頭に血が上る、あきれる、オカンムリ、地団太を踏む、癪に障る、息巻く、語気を荒げる、腹に据えかねる、青筋を立てる

カッとなる、声をとがらせる、むしゃくしゃする、不機嫌になる、プッツン、顔色を変える、怒りがこみ上げる、目を吊り上げる、憤る、つのを出す、鬱憤がたまる、ガミガミ言う、気色ばむ

イラッとする、ムッとする、憎たらしい、むくれる、カチンとくる、へそを曲げる、腹が立つ、気に障る、頭にくる、不信感を募らせる

弱

怒りの強度を5段階、10段階といったように段階分けすれば、その言葉を使って自分がどのくらい怒っているのかが理解できます。

【目くじらを立てる】　怒りで目をつり上げて、他人の欠点を非難すること。

休み時間

孫子もアンガーマネジメントを使っていた!?

約 2500 年前の中国で活躍していた武将「孫子」の兵法書にも、
怒りをコントロールすることの重要性が説かれていました。
名将である孫子は、怒りをどのようにとらえていたのでしょうか。

怒りは、ときに自分だけでなく、国も滅す！

孫子の言葉

**怒りはもって喜ぶべく、
憤りはもってまた悦ぶべきも、
亡国はもってまた存すべからず、
死者はもってまた生くべからず。
ゆえに明君はこれを慎み、良将はこれを警む。
これ国を安んじ、軍を全うするの道なり**

【簡単解説】

怒りは喜びに変わることもあり、
憤りは悦びに変わることもあるけれど、
滅んだ国はよみがえらないし、
亡くなった人も生き返らない。
だから、名君・良将は怒りや憤りを慎む。
これが国を安泰させ、軍を健全にするための道だ

孫子は、怒りにまかせて行動してしまうと、あとで取り返しのつかないことになる、ということを述べています。

現代でも同様です。怒りの感情に駆られて相手を怒鳴りつけたことで、その場はすっきりおさまるかもしれませんが、そのときに壊れた人間関係はもとに戻りません。今も昔も、ビジネスも戦の場も、怒りに対する考え方は変わらないのです。

BASIC ELEMENT IN ANGER MANAGEMENT

6限
シーン別怒らず伝えるテクニック

怒りを
伝えるときは
口調や言葉に
気をつけよう！

introduction❻

どんなシーンでも
怒りを適切に伝えよう

▶P.208

なんだよ、あの態度……
腹立つなあ
でさー、
あいつがさー
クチャ
ペチャ
うるさいな。
電車のなかで
話すなよ！
ペチャ
▶P.215
こんな休日は、
ゆっくり読書が
最高だ～
アロマ～～
ガン
イテッ
ガン
ガン
読書に
集中すれば、
ＯＫＯＫ……
ウオオオオ
ブンブン
うるさ———い！
▶P.216

カフェならゆっくりできそう
お待たせしましたー
ドン
ガルルル
お困りだね
バッ
お二人さん
先生!?
アンガーマネジメントは、ビジネスシーンだけじゃないよ
家族や恋人、友達、そして自分にだってイラッとくることはあるでしょ?
あら

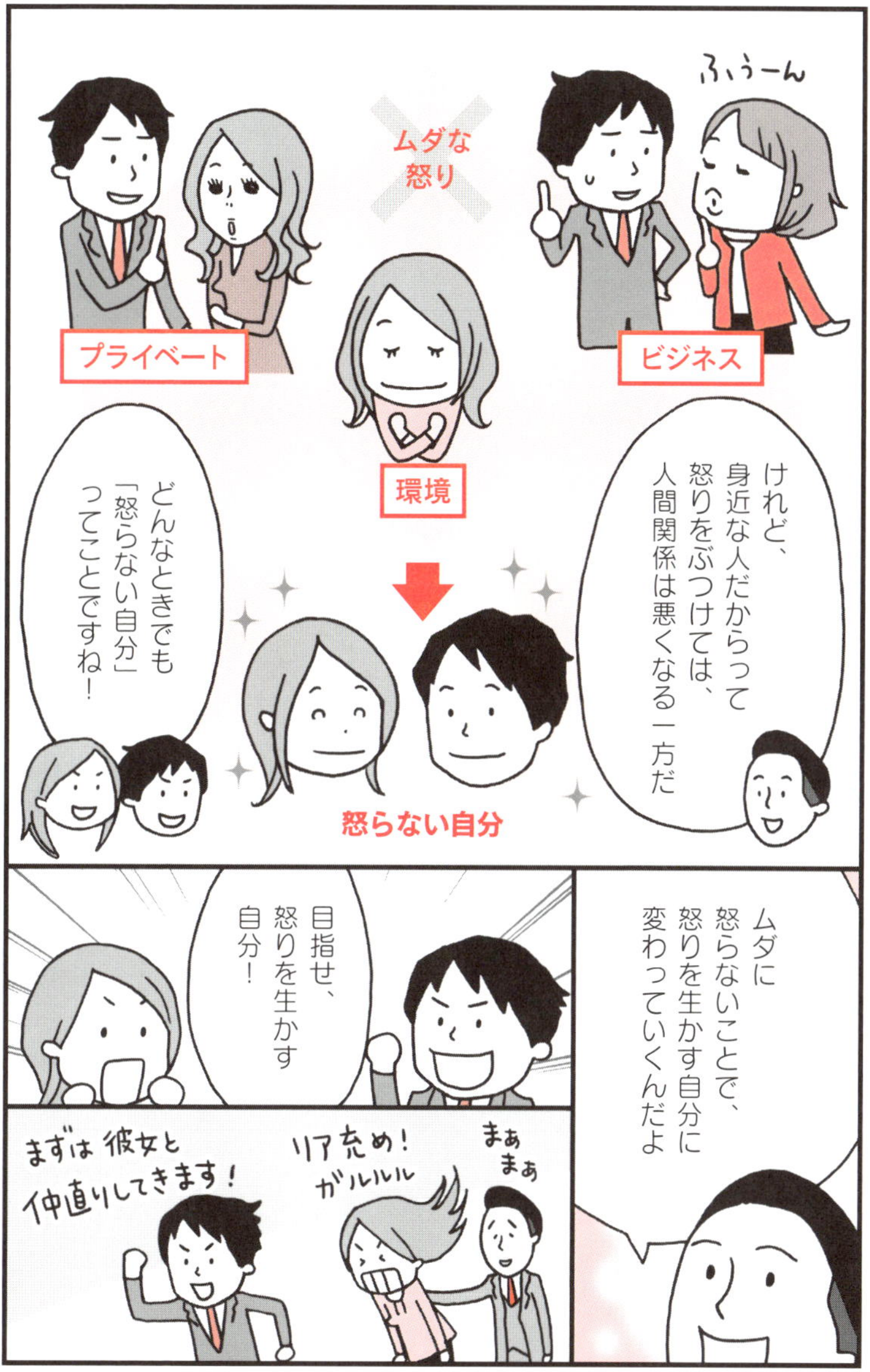

← 自分に当てはまるシーンはあるかな？

怒らず伝えるテクニック

会社編

「ブチッ！」とキレたら自分が損をする

怒りで頭が沸騰《ふっとう》すると、重要な判断ができなくなります。とくに、ビジネスの場では致命的。怒りっぽい上司のもとでは社員が定着しづらく、新規採用と教育でコストがかかります。部下は怒られないようにと、失敗を隠すようになり、かえって問題を大きくしてしまうことも。アメリカのクリエイティブリーダーシップセンターの研究によれば、管理職にとって怒りをコントロールできないことは、昇進の機会損失や解雇、退職勧告のもっとも大きな要因だとか。

ここでは、職場でイライラせず、「ブチッ！」とキレないための伝え方を解説します。

こんなとき、どのように怒りを伝えますか？

- 部下が同じミスを繰り返す
- 注意しても後輩が言い訳をする
- 部下のミスで、クライアントを怒らせた
- 仕事中なのに、部下がスマホをいじっている
- 忙しいのに、上司が仕事を押しつけてくる
- プライベートに上司が口を出してくる
- 同僚がほかの社員の悪口ばかり言う

⬇

怒らずスマートに伝える方法を教えます！

scene1 同じミスを繰り返す部下

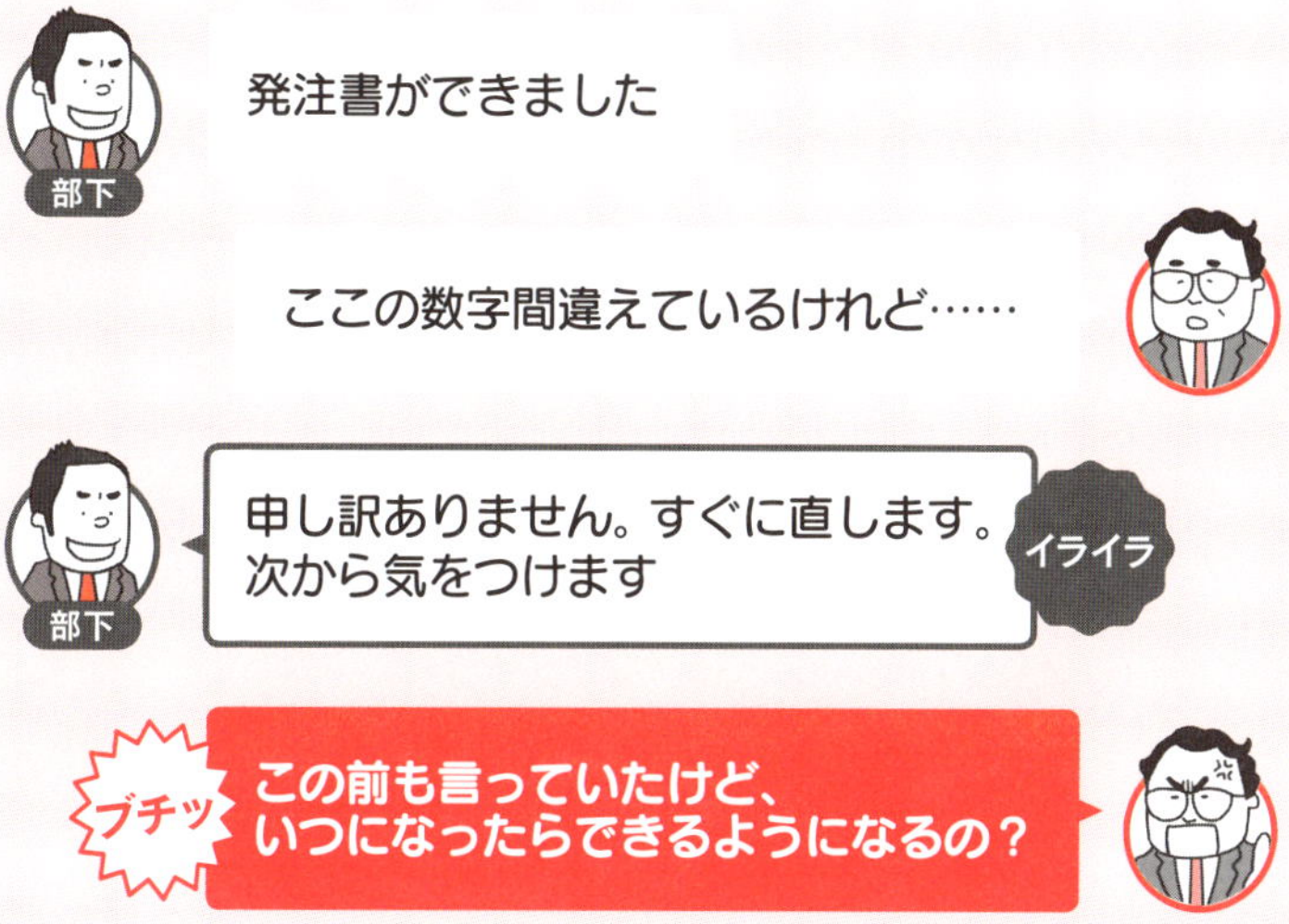

部下
発注書ができました
ここの数字間違えているけれど……
部下
申し訳ありません。すぐに直します。次から気をつけます
イライラ
ブチッ
この前も言っていたけど、いつになったらできるようになるの？

ブチッはこう伝える

現状は10点中5点だけど1点上げるにはどうしたらよいと思う？

過去の話はNG。問題を提起し、本人に解決策を考えさせる

「前から言っているけど」「この際だから言うけど」「いつも言っているけど」……。言いたくなる気持ちはわかりますが、これらは叱るときのNGワード。叱られる側の心理とは勝手なもので、「今は関係ないじゃないか！」と、素直に聞くことができません。

叱るときは、現在の問題だけに焦点を当てましょう。そして、失敗をなくすために何をすべきなのか、本人に考えさせるのです。

scene2 後輩が同じことを何度も聞いてくる

すみません。質問したいことがあるのですが、お時間いただけますか？

いいよ、どんなこと？

この書類の書き方なんですけど……

イライラ

ブチッ

え？　昨日も教えたよね。いつになったら覚えるの？

ブチッはこう伝える

教えるから、メモをとるようにしようね

問題そのものを解決するより理想に近づく方法を見つける

「問題を解決する」と「解決策を見つける」は、似ているようで違います。今回の場合、問題の解決は「物覚えをよくする」ことです。しかし、これには大きなストレスと労力がかかります。一方で後者は、少しでも理想に近づこうという考え方。「常にメモを持たせる」「デスクにメモを貼り付けさせる」など、よりベターな方法を実践するように促せば、あなたのストレスも緩和されるはずです。

scene3 注意した後輩が言い訳をする

昨日お願いした書類どう？
締め切りの時間、過ぎているよ
いや、ほかの仕事をしていたら
時間がなくて……
後輩
イライラ
ブチッ
なんで言われたことが
できないの？
言い訳しないで！
ブチッはこう伝える
どうすれば
間に合うようになるかな？

180度正反対の反応を引き出す「なんで？」と「どうすれば？」

何を聞いても「いや、でも……」と言い訳ばかり。じつは、ほぼ間違いなくこの言葉を引き出してしまうNGワードがあります。それが「なんで？」です。「なんで？」は相手を責める言葉。「なんでできないの？」と聞かれれば、必ず逃げ道を探すでしょう。

一方で「どうすれば？」は、意見を言わせるためのパス。建設的に考えられるようになり、相手の反応が前者と180度変わります。

scene4　忙しいのに部下が帰ってしまう

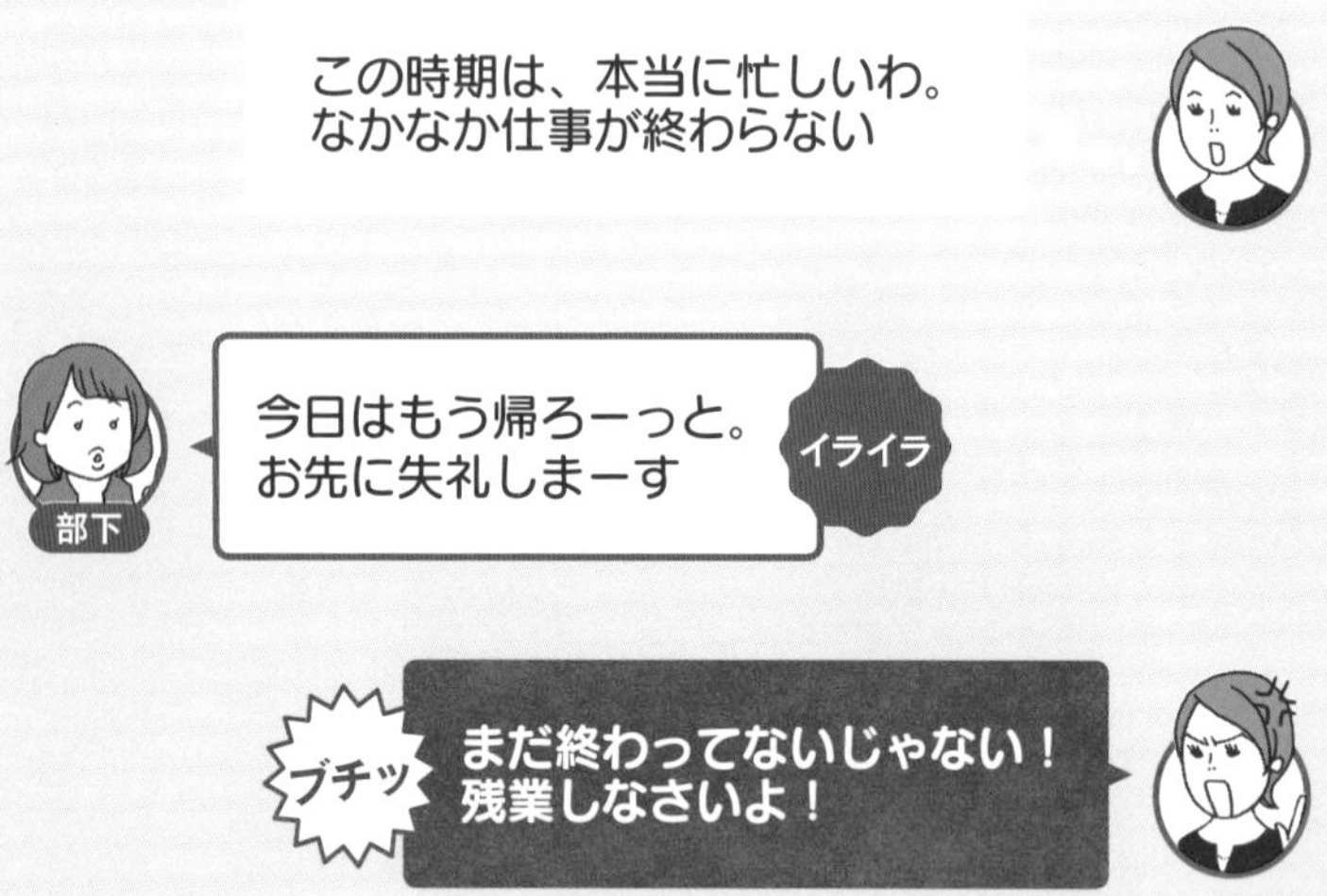
この時期は、本当に忙しいわ。なかなか仕事が終わらない
部下
今日はもう帰ろーっと。お先に失礼しまーす
イライラ
ブチッ
まだ終わってないじゃない！残業しなさいよ！

ブチッの前にこう考える

帰宅したのなら仕方ない。対応策を考えましょう

法的に不可能な選択肢は捨てできるためのしくみをつくる

問題が起きたときには、まず原因を探り、解決策を考えます。しかし今回のように原因が「価値観の違い」である場合は、解決が非常に困難。労働時間は法律で決まっていることですから、残業を強制すればパワハラになりかねません。「帰らせない」という不可能な選択肢は捨て、できることを考えてください。定時に部下が帰っても仕事が回るしくみや、帰宅後の連絡方法などの対応をしましょう。

scene5 部下が報告・連絡・相談をしない

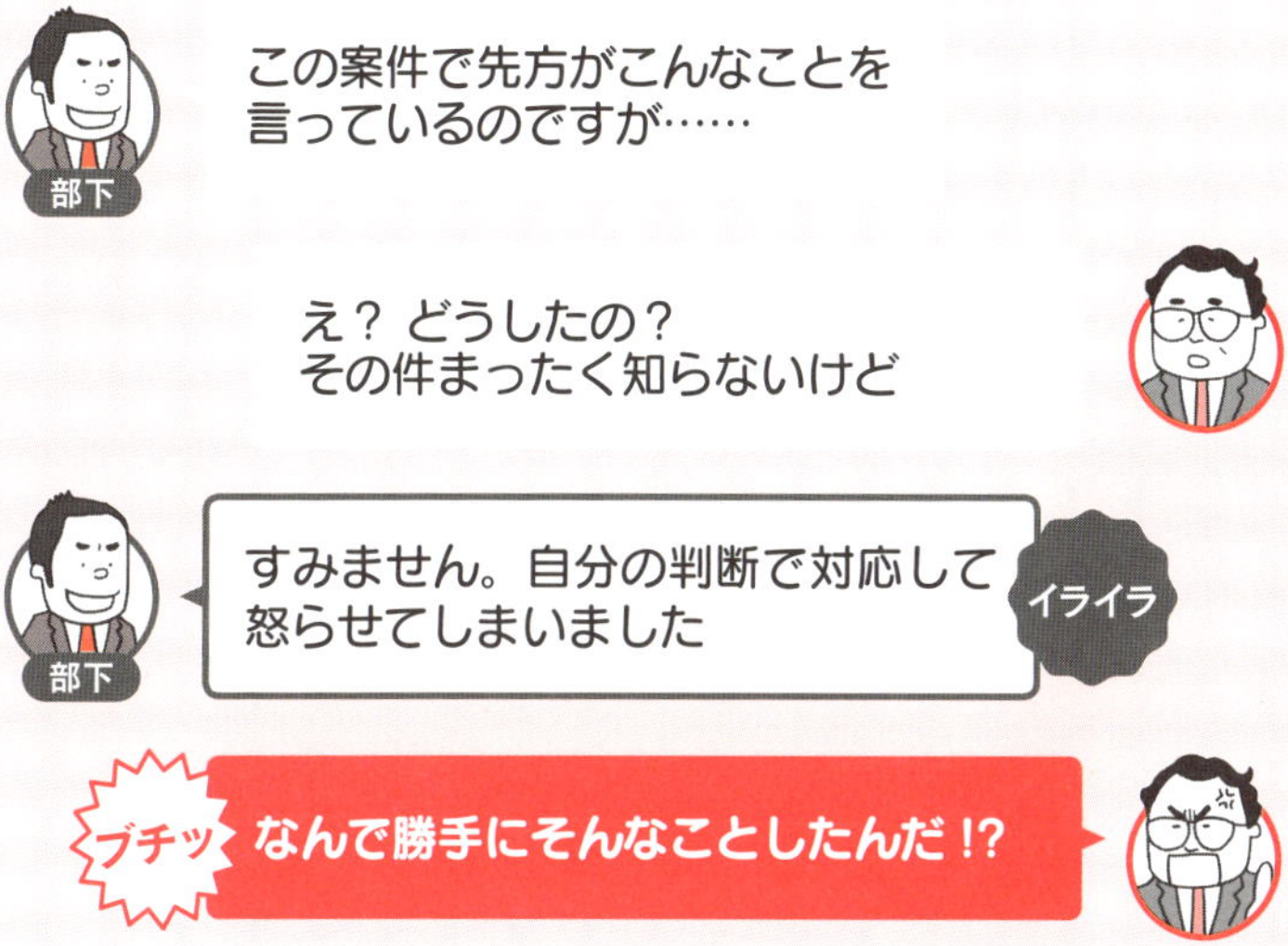
部下
この案件で先方がこんなことを言っているのですが……
え？ どうしたの？ その件まったく知らないけど
部下
すみません。自分の判断で対応して怒らせてしまいました
イライラ
ブチッ
なんで勝手にそんなことしたんだ!?

ブチッはこう伝える

よく一人で進めたね。次からは相談するようにしてくださいね

やる気をくじくのではなく行動したことを正当に評価する

上司である自分に断りもなく進めたうえに、問題をこじらせてから報告する部下……。「なぜ勝手なことをした」と怒りたくなるところですが、少なくとも行動をしている点は評価すべきです。

それを一方的に否定してしまえば、萎縮し、次からは第一歩を踏み出せなくなってしまいます。行動したことをほめたうえで、次からは「報告」「連絡」「相談」を徹底するように指示しましょう。

scene6 部下がクライアントを怒らせた

取引先からお叱りの連絡を
受けたけど、何をしたの？

A社との打ち合わせに遅刻して、
怒らせてしまいました

イライラ

ブチッ

あんたが悪いんだから、
自分でなんとかしなさい!!

ブチッはこう伝える

いっしょにどう対処するか
考えましょう

突き放さず、手を差し伸べる。それが部下からの信頼を得る秘訣

部下のミスをフォローするのも上司の仕事。「なんとかしろ！」は感情的で、責任逃れと思われかねない言葉です。部下にしても、「この人は上司としての責任をとらない人なんだ」と思うでしょう。

まずは、取引先を怒らせたことで起こりうる最悪の事態を部下に認識させましょう。そのうえで、解決策を「いっしょに」考えようと手を差し伸べれば、あなたへの部下の信頼感も上がるはずです。

scene7　部下が仕事中にスマホをいじっている

あいつ、しょっちゅう
スマホをいじっているな
ブーブー
部下
……………………
イライラ
ブチッ
おい、スマホをいじるなんて
くだらないことはやめろ！
仕事中だぞ！

ブチッはこう伝える

就業時間内は、スマホの操作をやめて仕事に集中しよう

自分の主観的な言葉は入れず必要なことだけを明確に伝える

「くだらない」というのはあなたの主観。自分の価値観を否定されたら、部下も反発したくなるでしょう。この場合は、「就業中には好ましくない」という客観的な事実だけを伝えましょう。

「プライベートなことは終業時間外にしてほしい」「周りの人の気が散るので仕事に集中してほしい」など、「してほしいこと」だけを明確に。長々と説教するのは逆効果。ビシッと手短に伝えましょう。

scene8 忙しいのに上司が仕事を押しつける

明日の朝までに
50 ページの書類をつくってくれ

イライラ

ブチッ

そんなの絶対無理です！

きみは、仕事ができない
人間なんだな

ブチッはこう伝える

20ページまでなら確実に間に合うと思います

自分のなかで許せる範囲を決め、それを正確に説明する

ムチャな要求に対して、ただ「できません」では、仕事ができないというレッテルが貼られる可能性も。逆に、「できます！」と安請け合いをすれば後々困ることになります。

まずは、「何がムチャなのか」を考え、自分のなかで許せる範囲を決めて「どれくらいだったらできるか」を正確に伝えるのです。50ページは無理でも、20ページならできるかもしれません。

scene9 上司の言うことがコロコロ変わる

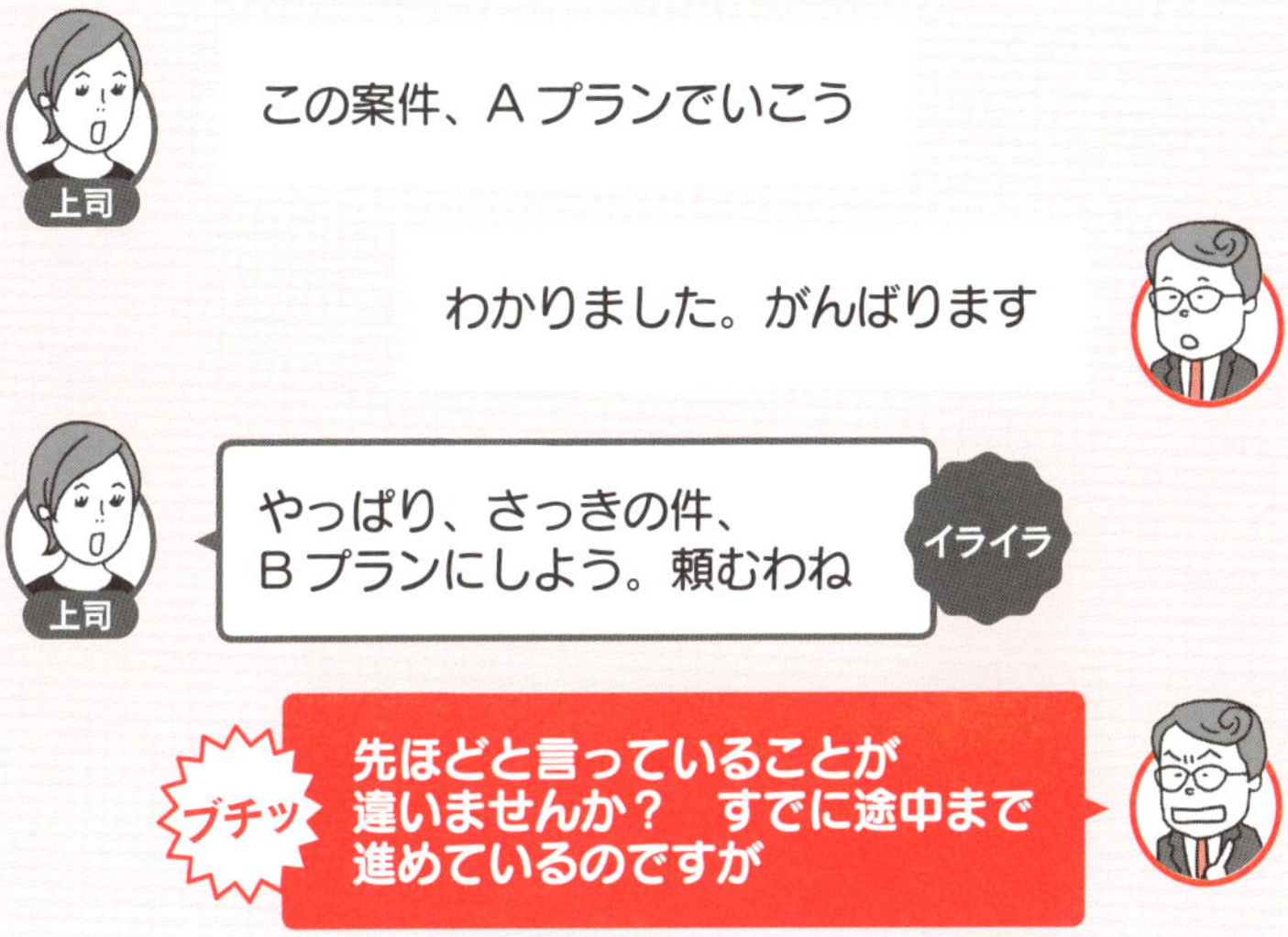
上司
この案件、Aプランでいこう
わかりました。がんばります
上司
やっぱり、さっきの件、
Bプランにしよう。頼むわね
イライラ
ブチッ
先ほどと言っていることが
違いませんか？　すでに途中まで
進めているのですが

ブチッはこう伝える
なぜ、指示が
変わったのでしょうか？

先入観なく上司の行動を観察し できることを探る

言うことがコロコロと変わる上司。でも、本当にそうでしょうか。10回中全部変わるのか、5回なのか、先入観を捨てて相手の行動を観察しましょう。そのうえで、できることとできないことを探ります。現実的に、上司の指示をもとに戻させるのは不可能。できることは、「指示が変わった理由を訪ねる」などです。指示が変わることを想定し、あらかじめ複数のプランを用意しておくことも有効です。

scene10 上司がプライベートに口を出す

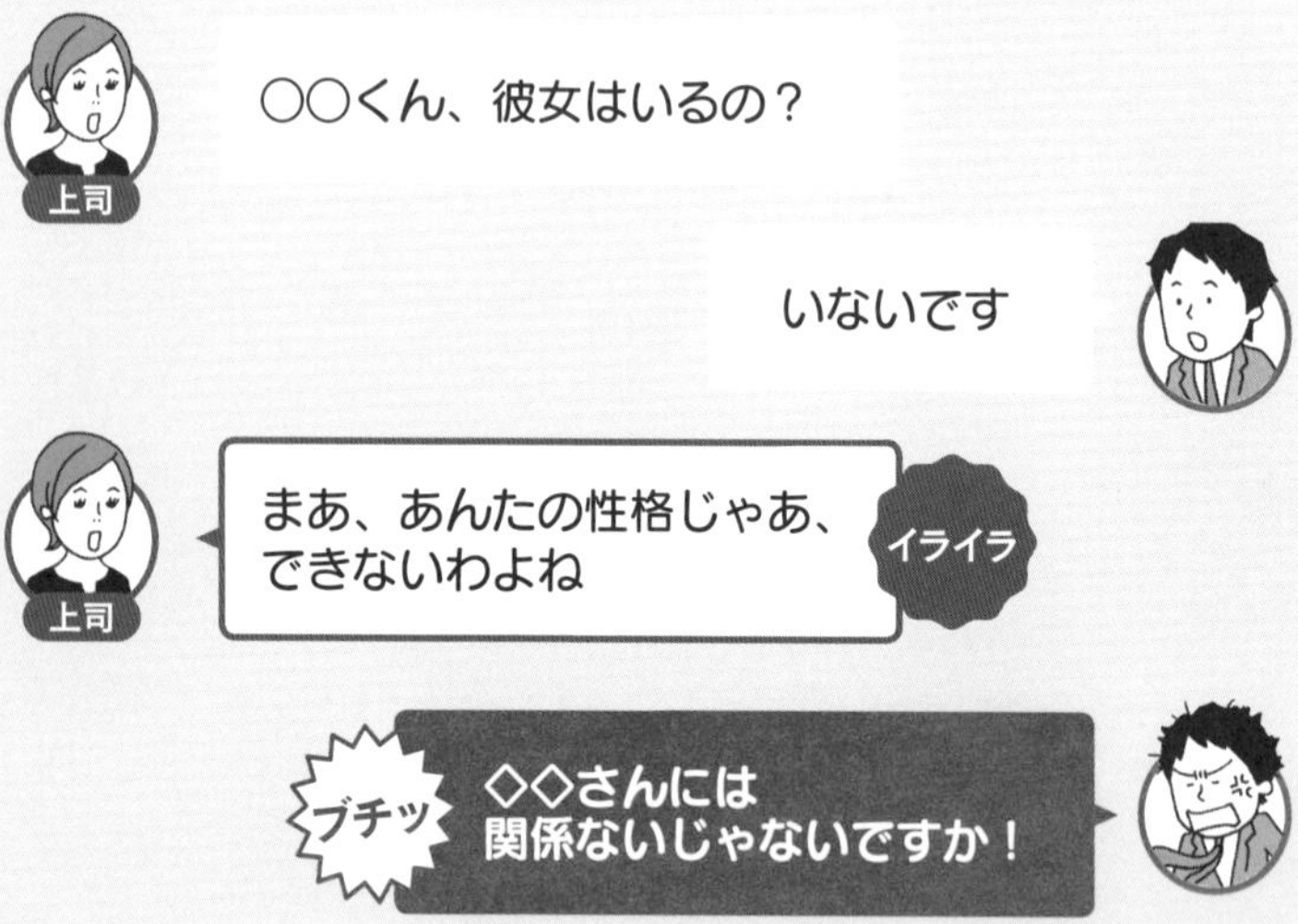
上司
○○くん、彼女はいるの？
いないです
上司
まあ、あんたの性格じゃあ、
できないわよね
イライラ
ブチッ
◇◇さんには
関係ないじゃないですか！

ブチッは
こう伝える
まあ、プライベートの
ことですから

踏み込まれたくない境界線を はっきりと相手に示す

人にはそれぞれ、触れられたくない領域があります。いわばあなたの「国境」。そこに土足で踏み込まれたとき、「関係ない！」と拒絶すれば、「何かある！」とさらに探られてしまうことになります。

大切なのは、あなたの「国境」を明確にすることです。その際に、だれに対しても同じ境界線であることが大切。ある人にはOKで、ある人にはNG。これでは境界線が不明瞭になってしまいます。

scene11 上司・先輩が仕事を教えてくれない

すみません。見積もり書の書き方で
教えてほしいことがあるのですが……

あー……ほかの人に
聞いてもらえる？

イライラ

ブチッ

なんでですか？
ちゃんと教えてくださいよ！

ブチッはこう伝える

**この項目のことだけ
わからないので、少し
お時間をいただけますか**

「これだけは教えてほしい」を明確にし、積極的にアピールする

「教えてくれない」というのは、あなたが受け身になっているから。相手を非難してしまえば、今後の関係にも支障が出ます。

まずは、「せめてこれだけは教えてほしい」という範囲を考えてみましょう。それから、「口頭がダメならメールで聞く」「改めて時間をつくってもらう」など、そこに近づくためにできることを考えます。「どこがわからないのか」を具体的に伝えることも大切です。

scene12 同僚が失敗してふさぎ込んでしまった

同僚
大失敗してしまった…。ぼくはダメ人間だ
そんなことないよ
同僚
ぼくは本当にダメなやつだ……
イライラ
ブチッ
きちんと確認すれば、失敗しなかったんじゃないかな
ブチッはこう伝える
起こったことは仕方ないよ！これからがんばろう！

大切なのは未来。ポジティブな言葉でプラス思考に変えよう

「きちんと確認すればよかった」。それは本人が一番よくわかっています。どうにもできない過去のことを言われると、ますます意気消沈してしまいます。大切なのは、未来。失敗をどうバネにするか。「起こってしまったことは仕方ない」「今後は気をつけよう」。そして最後に、「これからがんばろう」とつけ加えてください。そんなポジティブな言葉で、相手の考え方がプラス思考に転じます。

scene13 同僚がほかの人の悪口ばかり言う

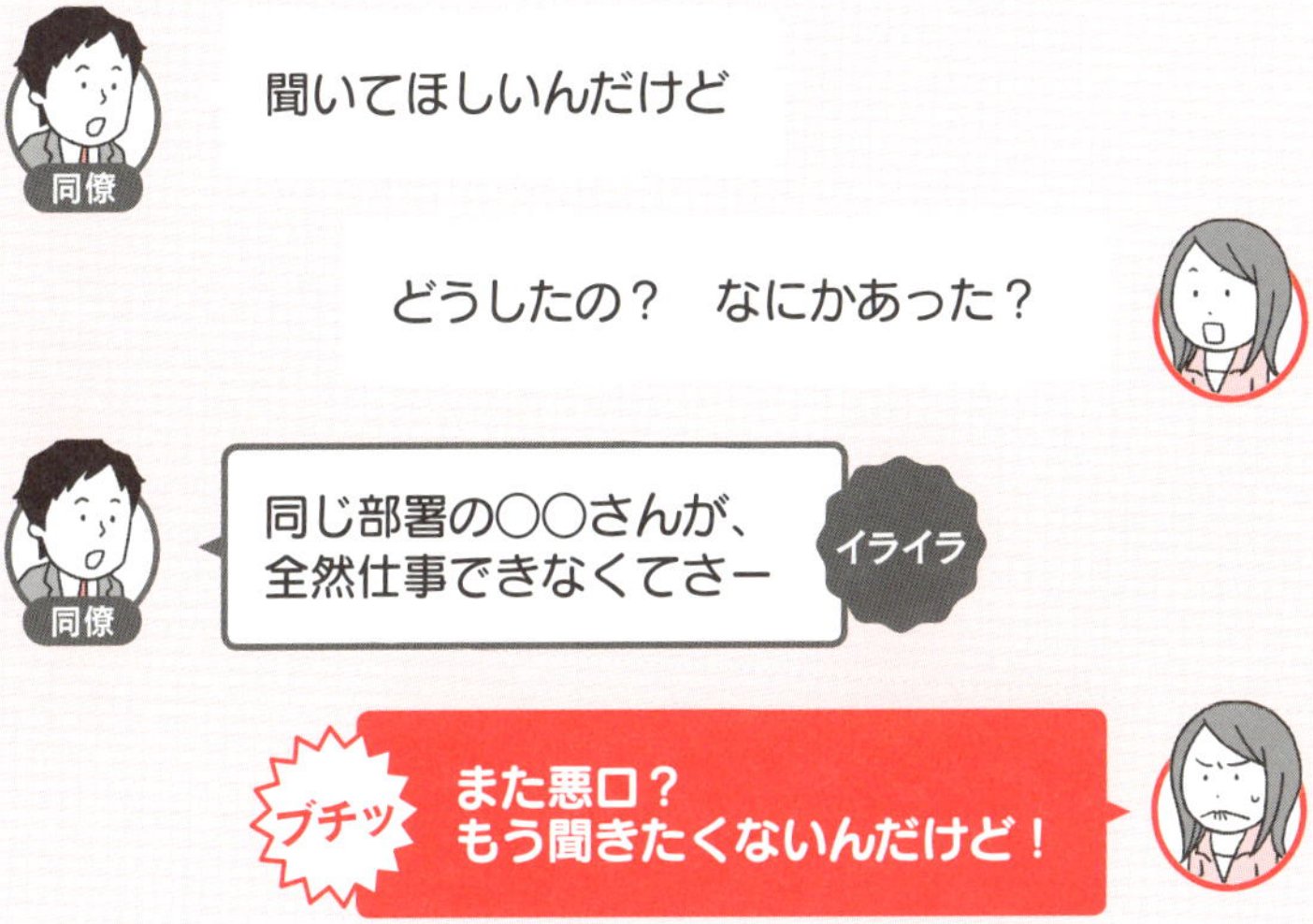
同僚
聞いてほしいんだけど
どうしたの？　なにかあった？
同僚
同じ部署の○○さんが、
全然仕事できなくてさー
イライラ
ブチッ
また悪口？
もう聞きたくないんだけど！

ブチッはこう伝える

人の悪口は、聞いてて あまり気持ちのよいも のじゃないな

「聞きたくない」ことを 冷静に伝え、具体的に話させる

気が滅入るような悪口は、第一に放っておくこと。悪口好きの性格を変えることはできません。それでも、あまりに仕事に支障が出るようなら、「聞きたくない」とわからせる必要があります。

ただし、怒鳴ったりすれば、今度はあなたの悪口を言い出すかもしれません。対応は二つ。「聞きたくない」ことを冷静に伝えるか、「どういうふうに仕事ができないの？」と具体的に話させるのです。

怒らず伝えるテクニック

プライベート編

近い関係だからこそ「怒らずに伝える」

友人は言うにおよばず、恋人や夫婦、親子であっても別の人格をもつ人間同士です。ついイライラしてしまうことはあるでしょう。そんなときに怒りをストレートに伝えてしまえば、近い関係だからこそ相手も反発してきます。

大切なのは、相手の気持ちや状況を思いやること。価値観を一方的に振りかざさず、自分の思いや考え方をソフトな口調で伝えること。どうしても変えられないのなら、少しでもよくなるための解決方法をいっしょに考えることです。

ここでは日常でありがちなケースを例に挙げながら、怒らずに伝える方法を紹介します。

こんなとき、どのように怒りを伝えますか？

- 遅刻してきても、友人が悪びれない
- 友人が自慢ばかりしてくる
- 恋人にデートをドタキャンされた
- 夫が優柔不断で意見を言わない
- 妻が自分の友人の夫と比較する
- 子どもが言うことを聞いてくれない

⬇

怒らずスマートに伝える方法を教えます！

scene1 友人が遅刻してきた

待ち合わせ時間から
30分経っているのに来ないなあ

ごめん、ごめん。
準備に時間がかかっちゃって！

イライラ

ブチッ

**もう映画はじまっちゃってるよ！
時間通りに来るべきじゃないの！**

ブチッはこう伝える

**心配するから、
次は待ち合わせした
時間に来てね**

「～すべき」論を振りかざさず
今後の注意を穏やかに促す

「時間通りに来るべき」、これはコアビリーフに関わる問題です。自分のコアビリーフをふりかざすのは厳禁。もう終わったことを強い調子で責めてしまえば、相手も反発するでしょう。

こういうときは、穏やかな調子で今後の注意を促しましょう。「何かあったのなら、早めに連絡してほしいな」などとやんわり言われれば、相手も「悪いことしたな」と反省するはずです。

scene2 友人が自慢話ばかりする

最近おもしろいことあった？

とくになかったかなあ。◇◇くんは？

俺さあ、外国産の高級車
買っちゃったんだよねー

イライラ

ブチッ　また自慢話？　いい加減にしてよ！

ブチッの前にこう考える

**だれかに認めて
もらいたいんだなあ**

自慢話ばかりする人は「存在承認」を求めている

自慢話というのは、じつは「存在承認」に関わるもの。自分が存在していることを認めてほしいという欲求であり、子どもが親に求める無条件の愛情をイメージするとよいでしょう。そして、もっとも人から評価されにくいのが、「存在承認」なのです。もし自慢話をされたら、「ほかに評価されるものが少ないからなんだなあ」と考えてください。それだけで、あなたのイライラはおさまるでしょう。

scene3 恋人に約束をドタキャンされた

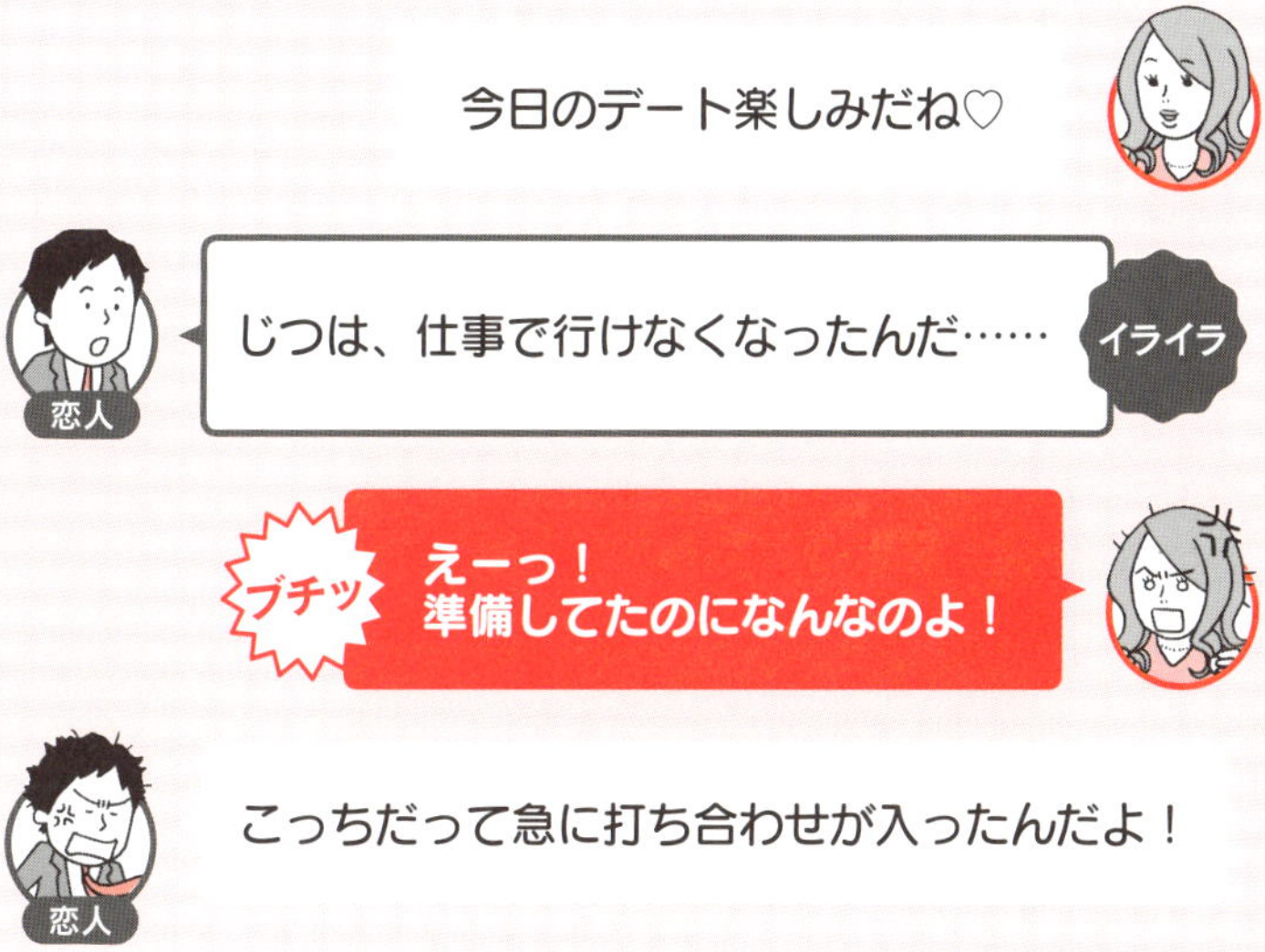
今日のデート楽しみだね♡
恋人
じつは、仕事で行けなくなったんだ……
イライラ
ブチッ
えーっ！
準備してたのになんなのよ！
恋人
こっちだって急に打ち合わせが入ったんだよ！

ブチッはこう伝える

残念だね。すごく楽しみにしてたんだけどな

相手の事情を冷静に聞き「残念な気持ち」を素直に伝える

約束は守ってほしいもの。けれども、守れない約束もあります。今回のケースでは、相手にも「つねに仕事を最優先にすべき」というコアビリーフがあるのかもしれません。あるいは、早急に対応すべき緊急事態かもしれません。まずは冷静に事情を聞くこと。そのうえで、「残念だ」という気持ちをまっすぐに伝えるのです。そのときは、自分がどれだけ楽しみにしていたかも具体的に伝えましょう。

scene4 恋人にケチだと言われた

おなかいっぱいだね。ごちそうさまでした！

ごちそうさま。今日は割り勘で頼むよ

え、本当に？ なんかケチだね

イライラ

ブチッ

なんだよ、ケチって！
いつもおごっているじゃないか！

ブチッは
こう伝える

**ごめんね。最近、出費が
かさんでいて今日は
持ち合わせがないんだ**

「ケチ」という言葉に反応せず「お金がない」と率直に伝える

「ケチ」というのは相手の決めつけであり、思い込み。それに対して真正面から反応してしまうのは得策ではありません。「いつもは」と言い返すのも、押しつけがましく感じさせてしまいます。

「ケチ」という言葉は聞き流し、率直に「今日は持ち合わせがない」と伝えましょう。男のプライド的に「お金がない」とは言いづらいものですが、思い切って伝えれば相手も納得してくれるはずです。

scene5 夫が優柔不断で意見を言わない

子どもの進路のこと、そろそろ決めなくちゃね

あなたは公立がいいと思う？
私立がいいと思う？

どっちでもいいんじゃない

イライラ

ブチッ

大切なことなんだから、
男らしくはっきり意見を言いなさいよ！

ブチッはこう伝える

**わかった。じゃあ、
簡単なことから
いっしょに考えましょう**

「わからないこと」を明確にし 簡単なことからいっしょに考える

これでは、相手が「男らしくない」と言っているようなもの。プライドを傷つけてしまうだけです。そもそも、「男だから」というのは完全な決めつけ。相手が答えられないなら、「いっしょに考える」という姿勢が大切です。またその際に、「何がわからないのか」「どうすれば考えられるのか」をはっきりさせるようにして、簡単なところから意見をもらうようにしましょう。

scene6　妻が友人の夫と比較をする

明日は、何時ごろ帰ってくるの？

プレゼンの準備で残業になりそうだから、
21 時くらいかなあ

○○ちゃんの旦那さんは、毎日仕事を早く終わらせて、夕食の準備を手伝ってるのに……

イライラ

ブチッ

どうせ、ぼくはダメな人間だよ！

ブチッはこう伝える

ぼくも一生懸命に仕事をがんばっているから、認めてほしいな

怒りの原因は人と比較されたこと。「自分は自分」と考えよう

この場合は、自分が批判されたことよりも、他人と比較されたことが怒りの原因。よその夫と比較されたのならなおさらです。しかし、「どうせ自分は」と比較に乗ってしまえば、まともな反論もできません。「自分には自分の価値がある」と考えてください。そうすることで、あなたの「軸」がブレなくなります。あなたが努力をしていること、人と比較してほしくないことを伝えてください。

scene7 妻が掃除当番を忘れる

ただいまー。疲れたから風呂に入ろうっと

おかえりなさい。ごめん、
お風呂掃除忘れてたわ

イライラ

ブチッ

え？　今日はきみの当番なのに
なんでやってないんだよ!?

こっちだって忙しいのよ！

ブチッはこう伝える

二人で決めたことだから、守ってほしいな

相手の事情を理解し、「理由」と「してほしいこと」を伝える

５限で解説したように、「なんで？」は、相手を責める言葉です。疲れているところに「なんで？」と責められれば、相手も反発するでしょう。

そんなときは「～だから、～してほしい」というふうに、理由と具体的にしてほしいことを伝えましょう。その際は必ずソフトな口調で、「忙しくて大変だと思うけど」とクッション言葉をつけ加えられればベストです。

scene8 夫が適当に話を流す

次の休み、家族みんなで出かけない？

あー、はいはい

前から行きたかったところがあるのよね

ふーん　イライラ

ブチッ　ちょっと！　なんで
ちゃんと聞いてくれないのよ！

ブチッはこう伝える

パパ、聞いてる？

「適当さ」に妥協点を見つけ相手の「行動」を変えさせる

人の性格は変えられません。ただし、「行動」を変えさせることは可能です。そのためには、まずこちらのアプローチを変えること。

夫の適当さのうち、どこが許せないのかを見定めましょう。「あいづち」がいい加減なことなのか、「こちらの目を見ない」ことなのか。そこから「これなら許せる」という妥協点を探り、「聞いてる？」と話の間に確認するなど、具体的な解決方法を考えます。

scene9 子どもが言うことを聞いてくれない

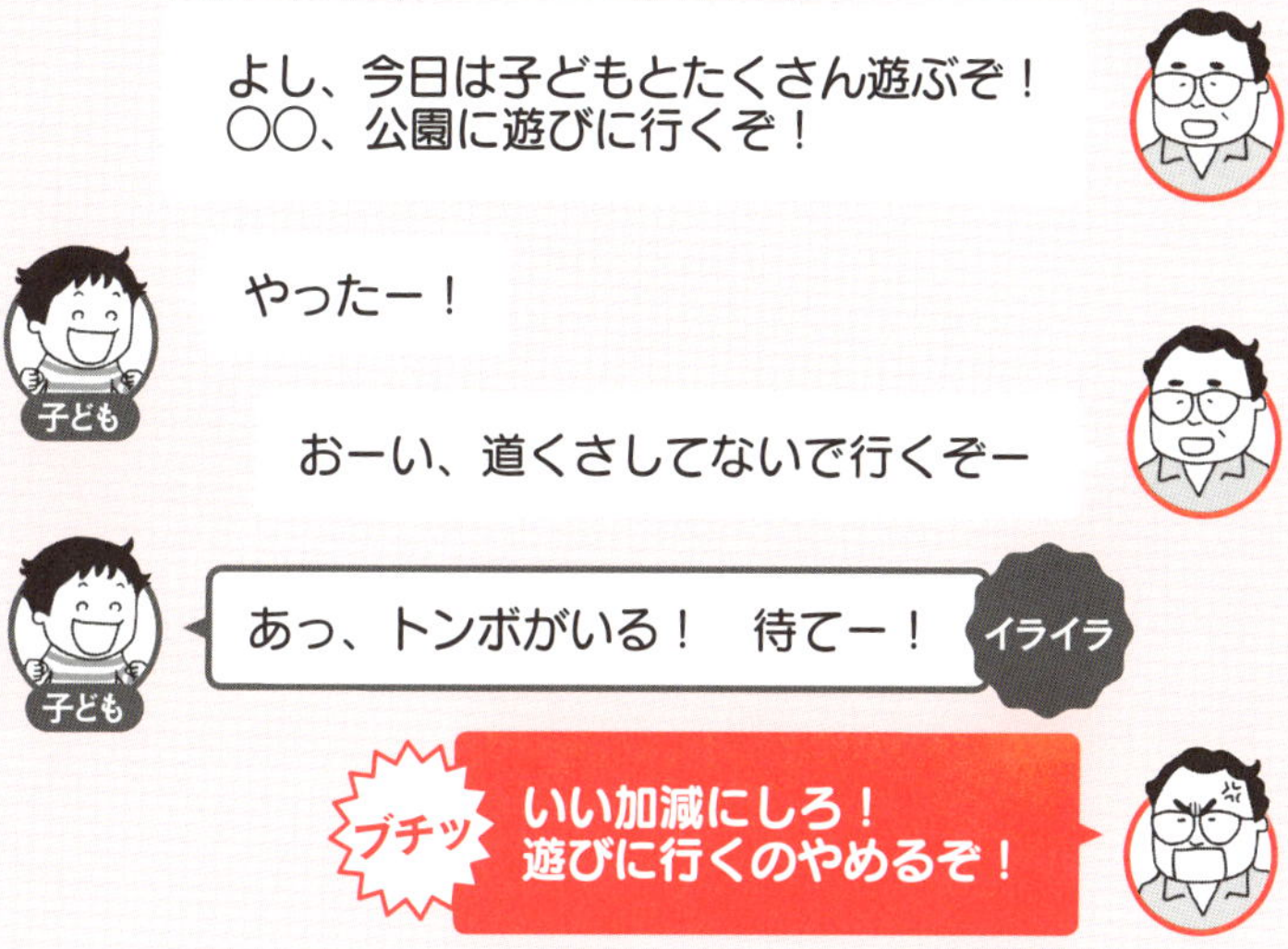
よし、今日は子どもとたくさん遊ぶぞ！
〇〇、公園に遊びに行くぞ！
子ども
やったー！
おーい、道くさしてないで行くぞー
子ども
あっ、トンボがいる！　待てー！
イライラ
ブチッ
いい加減にしろ！
遊びに行くのやめるぞ！

ブチッの前にこう考える

子どもが楽しいなら、まあいいか

本来の目的を思い出せば不要なイライラを感じずに済む

目的と手段が入れ替わってしまうことがよくあります。今回のケースでは、「子どもと遊ぶ」ことが目的のはず。「公園へ行くこと」は、あくまで手段です。せっかく子どもがトンボに興味をもったのに「道くさ」だと否定してしまえば本末転倒でしょう。

じつは、目的意識の高い人ほど、目的と手段がすり替わってしまいがち。本来の目的を思い出せば、不要なイライラもなくなります。

怒らず伝えるテクニック

環境編

イライラ環境での考え方

日々生活をしていると、意図せずにイライラ環境に巻き込まれてしまうこともあります。それは、移動中だったり自宅であったり店であったり、どこにいてもありえることです。そのほとんどが、自分の力では解決できないこと。どうにもできないイライラです。

しかし、そこで怒りを露わにしてしまえば、不要なトラブルを引き起こします。怒りのやり場がなくてため込んでしまうのも苦しいことです。大切なのは、できるだけストレスをためず、心を穏やかにすること。ここでは、そのための考え方や実践方法をご紹介します。

こんなとき、どう考えればよいでしょうか？

- 急いでいるのに、渋滞に巻き込まれた
- 深夜に、隣に住んでいる人が騒いでいる
- 断っているのに、何度も勧誘される

↓

ほかにも、自分ではどうにもならないイライラ環境は数多くあります。そんなイライラへの対処法を教えます！

scene1 電車内で通話をしている人がいた

ブチッ なんてマナーが悪いのかしら！

こう考える 同じことをしないようにしなくちゃ

同じレベルでイライラしないこと

他人のマナーの悪さにイラッとするのは、あなたにも同様にマナーの悪い部分があり、それを思い出させる行為を無意識のうちに不愉快に感じるのかも。

そんなときは、上のレベルに立って考えてください。大人になってから見る、子どものいたずらがほほえましく見えるように、寛大な心で受け入れられるでしょう。

scene2 約束があるのに渋滞にはまった

ブチッ 早く解消してくれー！

こう考える まず連絡を入れて、ゆっくり行こう

自分では変えられないこともある

急いでいるときに限ってハマりがちな道路の渋滞。そんなときにもっともやってはいけないことが、「早く進んでくれ！」と祈ることです。祈れば祈るほど気持ちは焦り、イライラが募ります。祈ったところで事態は変わりません。それよりは、音楽を聴いたり、ゆったり物事を考えてみたり、自分にできることを探しましょう。

scene3 夜遅いのに隣人がうるさい

ブチッ うるさい！　静かにしろ！

こう伝える 音が響いて眠れないので、静かにしてもらえませんか？

苦情は穏やかな口調でシンプルに

「静かにしろ！」といきなり怒鳴られたら、だれだって気分を害します。隣人といえどもまったくの他人。どんなトラブルに発展するかわかりません。相手を注意するときは、できるだけ簡潔に「静かにしてほしい」ことを伝えましょう。「眠れない」「勉強に集中できない」など具体的な理由を添え、穏やかな口調を心がけてください。

scene4 店員の態度が悪い

ブチッ ちょっと失礼じゃないの!?

こう伝える すみません。責任者と話したいのですが……

別の人間に事情を説明する

怒りたくなる気持ちはわかりますが、直接本人に注意しても、態度が改まるとは思えません。すぐに別の店員、もしくは責任者に変わってもらい、これまでの事情を説明します。ただし、必要以上に該当する店員の悪口を言うのはNG。あなたが伝えたかった話に切り替えてください。そのほうが、ずっと生産的です。

scene5 店員の手際が悪い

ブチッ なんでだれも注文をとりにこないんだ！

こう考える タイミングを見て声をかけてみよう

相手を追い込めば事態は悪化する

焦れば焦るほど処理能力が落ちるのは、だれしも経験のあること。あなたが店員を叱責すれば、店員は心の余裕をなくし、事態はさらに悪化してしまいます。そんなときは、相手が一呼吸おくタイミングを見て声をかけてください。あなたがほしいのは、本来受けるサービスのはず。心のゆとりをもって、タイミングを待ちましょう。

scene6 販売員に何度も勧誘される

ブチッ しつこいんですけど！

こう伝える 家で仕事をしているので、何度も訪問されると困ります

なぜ迷惑なのかを具体的に伝える

何度も足を運ぶのは販売員の鉄則。「仕事で忙しい」「家事が進まなくて困る」など、迷惑している具体的な理由を伝えましょう。また人は、相手のペースが自分と違うほど話しにくく感じるものです。早口の相手にはゆっくりと、大きな身ぶりには微動だにせずに対応すれば、相手はペースを乱されて話しにくい雰囲気になるはずです。

epilogue

数カ月後
それはできません！
え
ヒョイ
どうしたらできるかな？
えーっとぉー
先生！
うんうん
なんだか、気持ちに余裕が出てきました！
わたしもきちんと怒りを伝えられるようになりました
うんうん
これからも怒りを感じる場面があると思うけれど、怒ることと、怒らないことを線引きすることできっと充実した未来が訪れるはずだよ！
はい
では、わたしは怒りで悩んでる人のもとへ行くとするよ
先生ー
さらば

あとがき

みなさん、いかがでしたでしょうか？　怒りに対する考え方は変わりましたか？

ビジネスでもプライベートでも、怒りの感情はあなたのもとへやってきます。それにふり回されて、エネルギーを消費するのはもったいないことです。本書で解説したように、怒りと上手に付き合えるかどうかは“あなたの考え方次第”です。とっさの怒りに対処して、怒りのしくみを知り、考え方を変える。そして、適切に怒りを伝える。これができたときに、あなたの人生はよい方向へ大きく変わります。

もしすぐにできなくても焦らないでください。ゆっくりでも、一つずつ確実に自分のものにしていけばよいのです。

アンガーマネジメントが、みなさんの人生の助けになることを願っています。

安藤俊介

さくいん

●さ行

●た行

参考文献（50音順）

『怒りに負ける人　怒りを生かす人』
安藤俊介（著）／朝日新聞出版

『「怒り」のマネジメント術』
安藤俊介（著）／朝日新書

『イラッとしない思考術』
安藤俊介（著）／KKベストセラーズ

『イライラしがちなあなたを変える本』
安藤俊介（著）／KADOKAWA・中経出版

『心がラクになる言い方』
安藤俊介（監修）／朝日新聞出版

『この怒り何とかして!!と思ったら読む本』
安藤俊介（著）／リベラル社

監修者

安藤俊介（あんどう・しゅんすけ）

一般社団法人日本アンガーマネジメント協会代表理事。アンガーマネジメントコンサルタント。企業、教育現場にある怒りの問題を解決する専門家。怒りの感情と上手につき合うための心理トレーニング「アンガーマネジメント」の日本の第一人者。米国のナショナルアンガーマネジメント協会では15名しか選ばれていない最高ランクのトレーニングプロフェッショナルにアジア人として、ただ1人選ばれている。著書・監修書は国内に限らず、中国、台湾、韓国、タイで翻訳され、累計54万部を超える。

スタッフ

編集協力／株式会社スリーシーズン
（大友美雪、川村真央）
デザイン・DTP／Zapp!（桑原菜月）
漫画・イラスト／上田惣子
執筆協力／加茂直美、菊地貴広（しろくま事務所）
校正／大道寺ちはる
編集担当／ナツメ出版企画株式会社（森田直）

本書に関するお問い合わせは、書名・発行日・該当ページを明記の上、下記のいずれかの方法にてお送りください。電話でのお問い合わせはお受けしておりません。
・ナツメ社 web サイトの問い合わせフォーム
https://www.natsume.co.jp/contact
・FAX（03-3291-1305）
・郵送（下記、ナツメ出版企画株式会社宛て）
なお、回答までに日にちをいただく場合があります。正誤のお問い合わせ以外の書籍内容に関する解説・個別の相談は行っておりません。あらかじめご了承ください。

今日《きょう》から使《つか》えるアンガーマネジメント
怒《おこ》らず伝《つた》える技《ぎ》術《じゅつ》

2016年11月29日　初版発行
2022年 4月10日　第４刷発行

監修者　安藤俊介《あんどうしゅんすけ》
発行者　田村正隆
発行所　株式会社ナツメ社
東京都千代田区神田神保町 1-52 ナツメ社ビル 1F（〒101-0051）
電話　03（3291）1257（代表）　FAX　03（3291）5761
振替　00130-1-58661
制　作　ナツメ出版企画株式会社
東京都千代田区神田神保町 1-52 ナツメ社ビル 3F（〒101-0051）
電話　03（3295）3921（代表）
印刷所　ラン印刷社

ISBN978-4-8163-6121-0
Printed in Japan